Sue Bender

So einfach wie das Leben

Aus dem Englischen
von Charlotte Breuer

BASTEI
LÜBBE

BASTEI-LÜBBE-TASCHENBUCH
Band 12 938

Titel der amerikanischen Originalausgabe:
Plain and Simple. A Woman's Journey to the Amish
© 1989 by Sue Bender
© der deutschen Ausgabe 1996 Paul List Verlag in der
Südwest Verlag GmbH & Co. KG, München
Lizenzausgabe: Bastei Verlag Gustav H. Lübbe GmbH & Co.,
Bergisch Gladbach
Printed in Germany April 1999
Einbandgestaltung: Grafik-Design Dieter Ziegenfeuter
Satz: hanseatenSatz-bremen, Bremen
Druck und Bindung: Ebner Ulm
ISBN 3-404-12938-5

Sie finden uns im Internet unter
http://www.luebbe.de

Der Preis dieses Bandes versteht sich einschließlich
der gesetzlichen Mehrwertsteuer.

Für Richard, Michael und David – den ich liebe

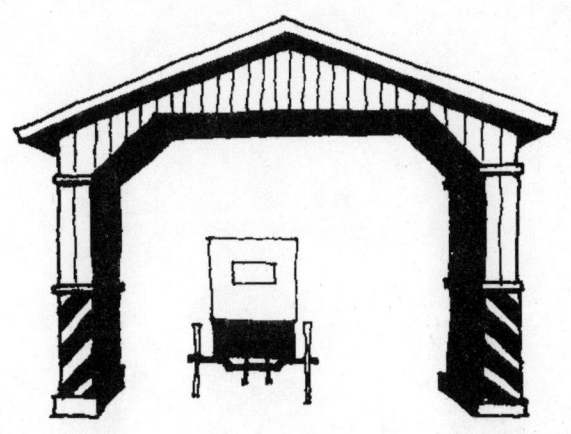

Inhalt

Vorwort

Die Amischen hatten es mir angetan. So einfach war das. Objektiv gesehen ergab es keinen Sinn. Ich, die ich hart an mir arbeitete, um etwas Besonderes zu sein, verliebte mich in ein Volk, das nichts als bescheiden sein wollte.

Wenn ich Freunden erzählte, daß ich eine Zeitlang bei einer Amischfamilie leben wollte, wurde
ich ausgelacht. »Unmöglich«, sagten sie. »Keine
Amischfamilie wird dich aufnehmen.«

Als ich zum erstenmal mit klopfendem Herzen
einen Quilt der Amischen betrachtete, wußte ich
noch nicht, daß meine Seele nach etwas dürstete
und eine innere Stimme versuchte, meinem Leben einen Sinn zu geben.

Ich wußte nicht, daß ich kurz davor war, eine
spirituelle Reise anzutreten, einem Weg zu folgen, den Carlos Castañeda den »Pfad des Her-
zens« genannt hat.

Ich dachte, ich würde mehr über ihre Quiltkunst lernen, doch die Quilts waren nur die Zeichen, die mich das lehren sollten, was wirklich
wichtig für mich war, die mir die Antwort auf eine
Frage geben sollten, die ich mir noch gar nicht
gestellt hatte: »Gibt es noch eine andere Möglichkeit, ein erfülltes Leben zu führen?«

Ich machte mich in einem fremden Land auf die Suche und fand zu mir selbst.

Vielleicht gibt es in jedem von uns etwas, das leer ist und Durst empfindet, und jeder von uns weiß tief im Innern, daß es ausgefüllt werden muß. Den Mut und das Selbstvertrauen aufzubringen, um diese Suche ernst zu nehmen, der Stimme zu folgen, die uns sagt, was wir tun müssen, selbst wenn es keinen Sinn zu ergeben scheint, lohnt sich. Meine Geschichte handelt von dieser Suche.

Vielleicht haben Sie einen Traum, der in Ihnen keimt, aber noch nicht voll ausgereift ist. Vielleicht befinden Sie sich auf einer ähnlichen Suche. Ich hoffe, daß Sie, wenn Sie meiner Geschichte lauschen, gleichzeitig Ihre eigene hören. Auf diese Weise wird dies eine gemeinsame Reise werden.

Erstes Kapitel

Wie alles begann

Kann ein Gegenstand das Herz eines Menschen berühren?

Als ich vor zwanzig Jahren Latham's Men's Store in Sag Harbor, New York, betrat, sah ich alte Quilts, die als dekorativer Hintergrund für Männerkleidung aus Tweed dienten. Solche Quilts hatte ich noch nie gesehen. Eigenartige Farbkombinationen. Dunkle, satte, intensive Farben: violett, malvenfarben, grün, braun, magentarot, leuchtend blau, rot. Einfache, geometrische Muster: Quadrate, Rauten, Rechtecke. Sie schienen wie von einer feinen Patina überzogen, die durch langen, intensiven Gebrauch entstanden war. Sie sprachen zu mir. Sie wußten etwas. Sie berührten mein Herz.

Das war der Anfang. Ziemlich naiv.

»Wer hat diese Quilts gemacht?« erkundigte ich mich.

»Die Amischen.«

In jenem Sommer ging ich jeden Tag zu La-

tham's, es geschah wie in Trance, und zu Anfang fiel es mir gar nicht auf, es schien einfach zu all den anderen Dingen zu gehören, die ich tat. Mein Gang zu den Quilts entwickelte sich zu einer Routine, einer Art spirituellen Gewohnheit, einer Konstanten in Tagen, die ansonsten mit allerlei sommerlichen Aktivitäten angefüllt waren.

Ich starrte die Quilts an. Sie wirkten so still: eine »Stille wie Donner«. Das war 1967, und ich war dreiunddreißig Jahre alt.

Ich hatte schon viele Quilts gesehen, die von nicht-amischen Frauen hergestellt worden waren. Die Liste der unterschiedlichen Stoffe und Stoffmuster, die in ihnen verarbeitet wurden, war schier endlos: kariert, gepunktet, mit Blumen gemustert, Baumwollstoffe, Cord, Samt. Sie wurden zu den unterschiedlichsten Mustern zusammengenäht: fliegende Gänse, Blockhütte, Bärentatze, Fächer, Windrad, Schulhaus, zerbrochenes Geschirr, Old Maid's Puzzle, Tomahawk, Dornenkrone und viele andere mehr.

Die Amischen benutzten immer wieder die

gleichen Muster – es gab keinen Grund, das Muster zu ändern, keinen Grund, eine persönliche Aussage zu machen.

Die Grundmuster wurden aufgelockert durch winzige, säuberlich gesetzte Steppnähte. Die Muster – Tulpen, Federn, Kränze, Ananas und Sterne – abgeschwächt oder betont durch scharfe Linien, und der Kontrast aus dem einfachen Muster und den aufwendigen Ziernähten verlieh der strengen Oberfläche eine zusätzliche Dimension. Ich fragte mich, ob die Kunst des Quiltens es den Frauen auf akzeptable Weise erlaubte, ihre Leidenschaft zum Ausdruck zu bringen. Ich erfuhr, daß die Amischen diese farbenprächtigen Quilts aus ihren abgelegten Kleidern herstellten. Nichts wurde weggeworfen; diese wundersamen Farben stammten aus dem Lumpenhaufen. Wie die meisten tiefreligiösen Bauern fertigten die Amischen Kleidung aus dunklen, selbstgewebten Stoffen. Doch unter ihren Kleidern, vor den Blicken anderer verborgen, trugen sie leuchtendbunte Unterröcke, Blusen und Hemden.

Farben von unglaublicher Tiefe und Wärme wurden in einer Weise zusammengestellt, wie ich sie noch nie gesehen hatte. Auf den ersten Blick wirkten die Farben düster, doch dann – als ich eine große braune Fläche näher betrachtete – entdeckte ich, daß sie sich aus vielen kleinen Flicken verschiedener Schattierungen und Oberflächenstrukturen zusammensetzten. Diverse Grautöne und glänzendes dunkles und mattes helles Braun tanzten umeinander und machten die braune Fläche lebendig. Satte Grüntöne lagen neben lebhaftem Rot. Und wie aus dem Nichts tauchte am Rand ein leuchtendes Blau auf.

Das Verhältnis der einzelnen Teile zum Ganzen, die Proportionen, die Art und Weise, wie die Farben in der Mitte und an den Rändern sich gegenseitig ergänzten oder komplementierten, all das war ein Balanceakt zwischen Spannung und Harmonie.

Die Quilts berührten mich in meinem Innern, daß ich das Gefühl hatte, als sprächen sie mich an, als wollten sie mir etwas sagen. Doch ich war verwirrt. Wie konnten Einschränkung und Wagnis zusammengehen? Wie konnte ein Quilt gleichzeitig Gelassenheit und Intensität ausstrahlen?

Welch einen Gegensatz bildete mein Leben zu einem amischen Quilt.

Mein Leben glich einem *Crazy-Quilt*, einem Muster, das ich nicht ausstehen konnte. Hunderte von wild verstreuten, unzusammenhängenden, unruhigen Fragmenten, die alle in verschiedenen Richtungen durcheinanderstoben und eine Menge hektischer Energie freisetzten. Es gab keine zugrundeliegende Struktur, welche die Teile zusammengehalten hätte. Der *Crazy-Quilt* war eine perfekte Metapher für mein Leben.

In meinem Innern tobte ein ständiger Zweikampf.

Im Gegensatz zu den ruhigen Farben der Amischen bestand ich aus Extremen: eine schwarzweiße Person, die schwarzweiße Keramiken herstellte und deren Leben sich auf lauter schwarzweiße Urteile gründete.

Ich teilte meine Welt in zwei Kategorien ein. Auf der einen Seite stand alles »Kreative« – die Dinge, die ich wertschätzte, denn als Künstlerin sah ich mich selbst als undiszipliniert und phantasievoll –, und auf der anderen Seite gab es all die langweiligen, alltäglichen Dinge – jene tödlichen, gewöhnlichen Pflichten, die niemandem erspart bleiben. Dinge, die mich meiner Ansicht nach von meinem Leben als Künstlerin ablenkten.

Ich war eine Ex-New-Yorkerin, die in Berkeley, Kalifornien, lebte; eine Ehefrau und Mutter

zweier Söhne; eine Künstlerin und Psychothera-
peutin mit je einem Diplom von Harvard und von
Berkeley. Das war mein Lebenslauf.

Ich legte Wert auf Leistung.

Ich legte Wert darauf, etwas Besonderes zu
sein.

Ich legte Wert auf Resultate.

Der ehrgeizige Teil in mir stellte diese Werte
weder in Frage, noch überprüfte er sie. Er nahm
sie als gegeben hin und glaubte, dem Götzen »Erfolg« mit ganzem Herzen zu dienen. Glaubte
nicht jeder an Erfolg? Ich stellte mir nie die Frage: »Erfolg – um welchen Preis?«

Ein Teil von mir ist ruhig. Er weiß um Schlichtheit, um Verantwortung und die Freude daran,
das, was ich tue, gut zu tun. In ihm lebt die Künstlerin, das Kind – er ist empfänglich und überaus
mutig. Aber die Zeit und meine eigene Hektik ließen diese Stimme nicht zu Wort kommen.

In der Welt, in der ich aufwuchs, waren mehr
Möglichkeiten die Voraussetzung für ein besseres
Leben. Das galt sowohl für meine Eltern als auch
für meine Großeltern. Mir wurde beigebracht,
daß meine Chancen um so besser waren, je
mehr Möglichkeiten ich hatte.

Ich hatte nie genug Zeit, doch ich wollte alles.
Ich war schier unersättlich, was neue Erfahrungen anging. Aufgeregt, von allem angezogen
und abgelenkt, an allem interessiert, schätzte ich

mich glücklich, so viele Möglichkeiten zu haben. Und naiverweise glaubte ich tatsächlich, sie alle leben zu können.

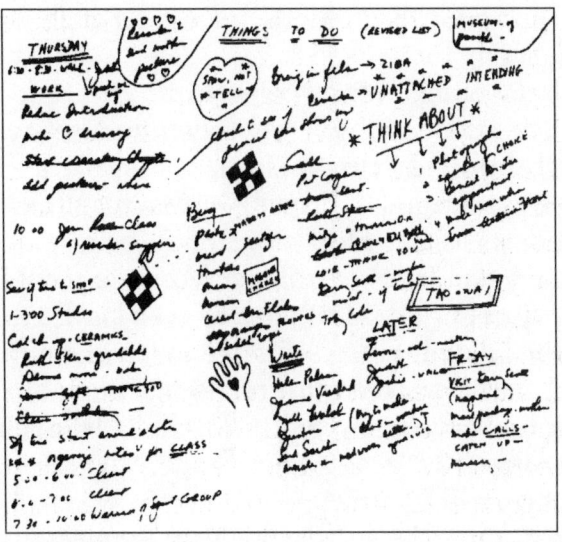

Ich ließ mich von Listen tyrannisieren. Die Listen gaben mir die Illusion, mein Leben sei erfüllt.

Um fünf Uhr früh wachte ich auf, begierig, meinen Tag anzupacken. Als erstes machte ich mir jeden Morgen eine Liste von Dingen, die ich zu *erledigen* hatte. Das machte mir großen Spaß, auch wenn diese Liste nichts anderes war als ein Haufen willkürlich zusammengestellter

Möglichkeiten, ein Bild, auf dem all die Dinge, die ich erledigen mußte, miteinander kollidierten. Jeder einigermaßen organisierte Mensch hätte gesagt: »Das ist lächerlich. Diese Liste ist unrealistisch. Kein Mensch kann so viele Dinge an einem Tag erledigen.«

Manchmal, wenn meine Liste im Laufe des Tages allzu chaotisch geworden war, setzte ich mich hin und schrieb sie neu, ohne je auf die Idee zu kommen, irgend etwas zu streichen, sondern in der Hoffnung, mich beim Anblick neuer, sauber angeordneter Vorsätze nicht länger überfordert zu fühlen. Es war ein Balanceakt auf einem Fuß – selbst wenn ich einer Tätigkeit nachging, die mir Freude machte, kam ich nicht zur Ruhe, sondern beschäftigte mich in Gedanken bereits mit der Frage, was als nächstes zu erledigen war.

Ich kam nie auf die Idee, innezuhalten und mich zu fragen: »Was ist wirklich wichtig?« Statt dessen maß ich allem die gleiche Bedeutung bei. Ich war nicht in der Lage zu unterscheiden, was wichtig und was unwichtig war. Wichtige Dinge blieben unerledigt, während andere, ziemlich unwichtige, getan und von der Liste gestrichen wurden.

Möglichkeiten aufzuhäufen war eine Taktik, mit der ich es vermied, Entscheidungen zu treffen, doch das wußte ich damals noch nicht. Irgend etwas zu streichen war mir fremd. Wenn ich eine Möglichkeit aufgab, fühlte ich mich um sie beraubt.

Bis zum Abend hatte die Liste sich regelmäßig in ein mit Hieroglyphen übersätes Schlachtfeld verwandelt; manche Wörter waren durchgestrichen, andere mit Häkchen versehen oder umkringelt, dazu kamen die vielen Versuchungen, die ich im Laufe des Tages hinzugefügt hatte. Die Kringel sollten mich an all die Dinge erinnern, die unerledigt geblieben waren. Die Liste des nächsten Tages begann mit den Überresten des Vortags.

Nie stellte ich meine Hektik in Frage. Wenn ich mich umsah, merkte ich, daß die meisten meiner Freunde genau wie ich durch ihre Tage hetzten und sich ständig darüber beklagten, daß sie nie genug Zeit hätten, um all die Dinge zu tun, die sie tun wollten.

Erst jetzt, wenn ich mich zurückerinnere, höre ich eine Kinderstimme in mir rufen: »*Stopp! Ich will runter. Das Karussell dreht sich zu schnell. Bitte, halt es an.*«

Damals glaubte ich, großes Glück zu haben. Aber etwas fehlte, und wenn ich auch nicht hätte sagen können, was dieses »Etwas« war, so war ich doch immer auf der Suche nach *etwas da draußen,* von dem ich glaubte, daß es existierte – wenn ich es nur finden könnte. Dieses »Wenn«

spornte mich an, immer wieder neue Dinge auszuprobieren. Ich besuchte Kurse – in der Hoffnung, mich weiterzuentwickeln, ein besserer Mensch zu werden. Eine Freundin lachte mich aus: »Wenn du nicht mehr ständig versuchst, dich zu ändern, dann weiß ich, daß du dich geändert hat.«

Ich wußte nicht, daß meine Sucht nach ständiger Betriebsamkeit eine stille Verzweiflung hervorbrachte, die allmählich jede einzelne Zelle meines Ichs durchdrang. In der Welt des »Wenn« konnte nichts, was ich tat, je genug sein.

In meiner hektischen Raserei vergaß ich mich selbst.

✖

Ich war durch Zufall Künstlerin geworden.

1960, drei Monate vor der Geburt meines ersten Kindes, hörte ich auf, an der New Rochelle High-School in New York Geschichtsunterricht zu erteilen, und besuchte einen Töpferkurs. Ich hatte alles perfekt geplant: Ich hatte vorgehabt, nur drei Monate Unterricht ausfallen zu lassen und nach den Sommerferien, im September, meine Arbeit wiederaufzunehmen. Ich ging jedoch nie zurück an die Schule. Während dieser wenigen Monate verliebte ich mich in die Arbeit mit dem Ton. Er hatte seinen eigenen Rhythmus, seinen eigenen Puls, er reagierte auf Stimmungen und auf das Wetter, genau wie ein Mensch. Er stellte keine Forderungen, und doch zwang er mich, aufmerksam zu sein und zuzuhören. Ich glaubte, empfänglich zu sein sei gleichbedeutend mit Kontrollverlust, also hatte ich einige Schwierigkeiten mit diesem Teil der Beziehung. An feuchten Tagen brauchte der Ton länger zum Trocknen. Da ich ungeduldig war, stellte ich die Stücke in meinen Küchenofen, um ihn zu zwingen, schneller zu trocknen.

Auch wenn ich den Ton reichlich mißhandelte, hatte ich doch eine intuitive Beziehung zu dem Material. Ton wurde zu einem Teil von mir, er war nicht nur Arbeitsmaterial. Doch ich betrachtete mich nie als Töpferin. Ich lehnte es ab, regelmäßige oder praktische Formen herzustellen, und hielt mich für etwas Besseres, eine *Künstlerin*. »Regelmäßig« war für mich gleichbedeutend mit »gewöhnlich«. Ich war wildentschlossen, etwas Besonderes zu sein.

Während meiner Kindheit in New York hatte die Botschaft meiner Eltern stets gelautet: »Werde ein Star«, auch wenn diese Worte nie laut ausgesprochen wurden. Die ersten Dinge, die ich herstellte, waren wunderschöne, glänzende, echt vergoldete Keramiksterne. Ich liebte es, sie anzufertigen. Das Kind in mir träumte immer noch davon, ein Star zu werden.

Ich verbrachte viele Jahre in der Schule und an der Universität. Sei erfolgreich, sei erfolgreich, hörte ich immer wieder, und mit den Worten entwickelte sich ein klares Bild dessen, was ich sein wollte. Selbst die Luft, die ich atmete, schien dieses Bild zu bestätigen. Aber Ton war anders. Er war flexibel, er ermutigte mich, etwas Neues zu versuchen.

Ich versuchte, die Kunst des Töpferns auf der Drehscheibe zu erlernen, doch es mangelte mir an der nötigen Disziplin, und ich versagte auf der ganzen Linie. Um meine Unfähigkeit vor mir selbst zu rechtfertigen, redete ich mir ein, ich fürchtete mich davor, mich zu sehr an die Technik mit der Drehscheibe zu gewöhnen und am Ende nur noch perfekt geformte, nichtssagende Töpfe herzustellen. Mir wurde nie klar, daß man in erster Linie sich selbst zentrieren muß, um den Ton, der auf der Drehscheibe rotierte, zu zentrieren. Zu jener Zeit war ich zu zerstreut, um diese innere Ruhe zu finden.

Im Sommer 1967 machte ich meine erste Ausstellung.

Die Stücke waren unpraktische, bizarre Objekte, wunderliche Geschöpfe meiner Phantasie. »Mehr! Mehr!« verlangten meine Dämonen, denn in ihrer Welt war »mehr« gleichbedeutend mit besser. Es war ein Jahr in der Hölle. Anstatt die Arbeit mit dem Ton zu genießen, setzte ich mich unter Druck, bemühte mich, jedes Stück noch origineller zu gestalten als das vorhergehende. Je mehr ich etwas Neues, Einzigartiges zu erzwingen versuchte, um so mehr scheiterte ich. Ohne innezuhalten, um Atem zu schöpfen, trieb ich mich zur Höchstleistung an, bis ich schließlich erschöpft zusammenbrach. Erst als ich eine Zeitlang in meinem fieberhaften Tempo aufgehalten wurde, war ich in der Lage, Werke zu schaffen, die mich zufriedenstellten.

Bei der Eröffnung meiner Ausstellung kamen Leute auf mich zu und sprachen mich an.

»Sie müssen ein sehr glücklicher Mensch sein. Ihre Arbeiten strahlen so viel Freude aus«, sagte ein Gast.

»Wenn ich Keramiken hergestellt hätte, die zum Ausdruck brächten, wie ich mich in diesem Jahr gefühlt habe, würden meine Arbeiten krumm und häßlich aussehen«, erwiderte ich.

Jedesmal, wenn ich in jenem Sommer in den

Laden ging, um diese stoischen amischen Quilts mit ihren spartanischen Mustern zu betrachten, lösten sie Schockwellen in mir aus – ich, eine erwachsene Frau, war wie hypnotisiert. Das ist theatralisch ausgedrückt, aber genau so fühlte ich mich. Die Beziehung war unmittelbar und elektrisierend.

Meine Geschäftigkeit fand ein Ende. Die Fragmente meines Lebens kamen zur Ruhe. Ich fand zu mir selbst, fand zu einem Teil von mir, den ich ignoriert, ja sogar abgelehnt hatte. Ich fühlte mich ruhig und gelassen.

Zweites Kapitel

Der Ninepatsch und die gesichtslosen Puppen

Einige Monate nach meiner Ausstellung, im Herbst 1967, zogen wir nach Kalifornien, behielten jedoch unser Sommerhaus auf`Long Island bei. Die Keramikausstellung war ein Erfolg gewesen, und doch hatte ich nicht das Gefühl, erfolgreich zu sein. Dann, eines Tages, wurde ich auf eine Anzeige im Rundschreiben für Erwachsenenbildung der Berkeley High-School aufmerksam, in der ein Kursus für das Herstellen amischer Quilts angeboten wurde. Mein Terminkalender war prall gefüllt mit Verpflichtungen, doch irgend etwas zog mich in diesen Kursus.

Es ergab keinen Sinn. Ich liebte alte amische Quilts, aber ich konnte kaum nähen. Ich wußte noch nicht einmal, wie man ein Wollknäuel wickelte, noch verlangte es mich danach, es zu lernen. Mein Großvater war Schneider gewesen, und meine Mutter hatte zu mir gesagt: »Gib dich nicht mir praktischen Dingen ab.« Ich war kein

häuslicher Typ. Um die Wahrheit zu sagen, ich achtete häusliche Frauen nicht besonders.

Und doch marschierte ich in ein Klassenzimmer an der Berkeley High-School und gesellte mich zu neunundzwanzig Frauen, die leidenschaftlich gern Quilts nähten. Was machte ich hier überhaupt?

Unsere erste Aufgabe bestand darin, einen »Ninepatch« aus amischen Farben herzustellen. Ein Ninepatch ist das einfachste Quiltmuster, das, was eine amische Mutter ihrer Tochter als erstes beibringt, wenn sie sie in die Kunst des Quiltens einführt. Theoretisch ist das Konzept denkbar einfach. Man legt helle und dunkle Quadrate nebeneinander, so daß man ein schachbrettartiges Muster erhält, das aus neun Quadraten besteht.

Ich begann, die Quadrate zusammenzulegen. Dann ordnete ich sie wieder neu an.

Umgeben von den Farben der Amischen – tiefe Violettöne, Grautöne, malvenfarben, magenta und schwarz – hockte ich auf dem Boden meines Schlafzimmers und sah mir »Love Boat« im Fernsehen an. Aber irgend etwas stimmte nicht mit den Stoffflicken, sie waren zu neu, sie wirkten zu sehr wie nach dem Geschmack eines Innenarchitekten ausgewählt. Ich mußte den Eindruck des Neuen eliminieren. Ich kochte Kaffee und rieb ihn in den Stoff. Ich fügte Tee hinzu. Ich nahm etwas Tusche und probierte es damit. Am nächsten Tag ging ich los und kaufte Färbemittel. Der Stoff sollte alt aussehen und sich alt anfühlen. Ich wollte, daß die Quadrate etwas Historisches ausstrahlten, sie sollten abgenutzt wirken, nackt und wesentlich. Ich wollte die Gefühle wiedergeben, die ich empfand, wenn ich einen alten amischen Quilt betrachtete, die Eindringlichkeit, die aus dem tiefen Innern des Quilts auszugehen schien.

Ich legte neun Gruppen von neun Quadraten zusammen und ordnete sie immer wieder neu an, bis sie von allein zu wissen schienen, wohin sie gehörten. Die Stoffstücke waren nun abgewetzt und ausgefranst, die Farben stumpf, geschändet und abgenutzt, und endlich hatten meine Flicken Patina angesetzt. Diese intensiven, satten Farbzusammenstellungen vereinten mich mit den Amischen und mit mir selbst.

Jede Woche präsentierten neunundzwanzig Frauen ihre kleinen, kunstvoll gearbeiteten Quilts, und jede Woche legte ich ein weiteres uralt wirkendes Fragment vor, ungeschickt zusammengenäht und ohne Saum. Ich hatte das Gefühl, meine Quiltfragmente müßten ungesäumt bleiben, offen für jede Veränderung.

Einige Jahre später besuchte ich eine Ausstellung alter amerikanischer Quilts im Whitney Museum. Am meisten beeindruckten mich diejenigen, die aus dem Lancaster County in Pennsylvania stammten. Diese minimalistischen, strengen Quilts, an weißen Wänden aufgehängt, wirkten wie ausdrucksstarke, moderne amerikanische Gemälde und schienen ohne weiteres in ihre neue Umgebung zu passen. Die Kunstwelt hatte die Quilts entdeckt und sie mit einem neuen Etikett versehen: Kunst.

Immer wieder fragte ich mich, wie diese Farmersfrauen solche eindrucksvollen Kunstwerke zustande brachten. Damals waren amische Quilts noch sehr wenig bekannt, doch schließlich traf ich einen Quilthändler, der eine Zeitlang im Lancaster County bei den Amischen gelebt hatte. Er erklärte mir: »Bei den Amischen nennt sich niemand ›Künstler‹. Das wäre ein Zeichen falschen Stolzes. Diese Leute sind tief religiöse Menschen, die Bescheidenheit sehr hoch schätzen. Die Dinge, die sie herstellen, sind für den

Gebrauch gedacht, nicht, um bewundert zu werden.«

Wie sehr unterschied ich mich doch von den Amischen!

Ich war stolz darauf, mich eine Künstlerin nennen zu dürfen.

Je mehr ich mich darauf konzentrierte, etwas zu schaffen, das dem Publikum gefallen würde, um so mehr verlor ich, vor lauter Sorge um das Ergebnis, die Freude an meiner Arbeit, das hatte ich während der Vorbereitungen auf meine erste Ausstellung gelernt. Ich beschloß, Kunst und Beruf künftig zu trennen. Einem alten Interesse folgend, schrieb ich mich im Alter von vierzig Jahren an der Universität Berkeley für Sozialpsychiatrie ein. Zu jener Zeit wurde der Lebensmitte von der Forschung noch kaum Aufmerksamkeit geschenkt, sie war noch das vernachlässigte Stiefkind des Lebenszyklus. Also gründete ich nach Abschluß meines Studiums zusammen mit einigen Freunden ein Programm für Frauen in den mittleren Jahren. Ich nannte es *Choice*.

Professorinnen, Hausfrauen, Künstlerinnen, Immobilienmaklerinnen und eine Busfahrerin aus Oakland taten sich in einer Gruppe namens

»Warriors of the Spirit« zusammen. Sie alle suchten nach einem Weg, verschiedene Rollen, die sie gleichermaßen forderten, miteinander zu vereinen – die Rollen der Karrierefrau, Hausfrau, Mutter, geschiedenen Frau, Ehefrau, Geliebten, alleinerziehenden Mutter, Freundin.

Wie sollte man diese unterschiedlichen Rollen unter einen Hut bringen? Wie sollte man aus all diesen verschiedenen Einzelteilen einen Lebensentwurf zusammenstellen, sie immer wieder neu anordnen, bis ein lebbares Muster entsteht?

Ich konnte weder den Frauen noch mir selbst eine Lösung anbieten, doch ich hielt die Suche nach der Lösung für wichtig.

Obwohl ich nie vorhatte, mir einen amischen Quilt zu kaufen, war ich während der nächsten Jahre ständig auf der Suche nach ihnen. Quilthändler, die von meinem wachsenden Interesse wußten, riefen mich an, wenn sie von ihren Einkaufsreisen zurückkehrten. Jedesmal, wenn ich eine Pilgerfahrt zu den Quilts gemacht hatte, war ich innerlich ganz ruhig. Lauter Fragen gingen mir durch den Kopf. Welche Absicht verfolgte eine Frau, wenn sie mit der Arbeit an einem Quilt für ihre Tochter begann? War der Quilt Ausdruck ihres Lebens? Erzählte sie damit etwas über ihre Hoffnungen und Träume?

Im Herbst 1981, viele Jahre nachdem ich meine ersten amischen Quilts gesehen hatte, ging ich in Ed Brown's Folk Art Gallery in San Francisco und entdeckte drei merkwürdig aussehende Puppen, denen man keine Gesichter aufgemalt hatte – die Augen, Nasen, Münder fehlten, ebenso wie Finger und Zehen. Eine war mit Stroh gestopft, die zweite mit Watte und die dritte mit Lumpen. Ihre Körper waren aus grobem Baumwollstoff zusammengenäht. In ihren verschlissenen, dunklen altmodischen Kleidern und Hauben erinnerten sie in nichts an die rosigen Babypuppen, die ich als Kind gekannt hatte. Wie Voodoo-Puppen zogen sie mich in ihren Bann.

Verblüfft fragte ich Ed Brown: »Woher kommen diese Puppen?«

»Von den Amischen.«

»Wieso haben sie keine Gesichter?« fragte ich.

»Das schreibt ihnen ihre Religion vor«, sagte er. »In der Bibel steht: ›Du sollst dir kein Bildnis machen, noch irgendein Gleichnis weder dessen, was oben im Himmel, noch dessen, was unten auf Erden ist.‹«

Seit Generationen stellen Amischmütter solche Puppen für ihre Töchter her. Immer die gleichen, denn es gibt keinen Grund, sie zu verändern, zu schmücken oder zu verbessern. Sie müssen einfach nur so haltbar sein, daß sie auch intensiven Gebrauch überleben.

Ich stand wie gebannt vor diesen alten verschlissenen Puppen, und jede Woche ging ich wieder hin und starrte sie an. Oberflächlich sahen sie alle gleich aus, aber als ich sie näher betrachtete, entdeckte ich, daß jede ihre eigene Persönlichkeit hatte, den charakteristischen Stil der Mutter, die sie für ihr Kind gemacht hatte. Schließlich genügte es mir nicht mehr, die Puppen nur anzuschauen. Nachdem ich so viel über die Puppen nachgedacht und in meinen Tagträumen über die Quilts sinniert hatte, kam ich zu dem Schluß, daß ich mehr wissen mußte. Als mein Mann und ich in jenem Sommer zu Besuch in New York waren, diesmal als gewöhnliche Touristen, machten wir einen Ausflug nach Lancaster County, Pennsylvania, um die Amischen zu besuchen.

Was wir vorfanden, war kein seltsam künstliches Williamsburg und auch keine Nachahmung des Landlebens im neunzehnten Jahrhundert. Diese Leute spielten nicht Theater. Es war einfach Teil ihres stillen Alltags, wenn sie in ihren säuberlich angestrichenen schwarzen Einspännern durch die engen Landstraßen fuhren. Die Amischen nennen diejenigen, die nicht zu ihrer Gemeinschaft gehören, die »Englischen« (die »Anderen«). Wir »Englischen« hielten den Verkehr auf, wenn wir anhielten, um sie zu fotografieren.

Falls die Amischen sich durch diese gaffenden Außenseiter gestört fühlten, so ließen sie es sich nicht anmerken. Obwohl sie für Massen von aufdringlichen neugierigen Touristen eine Attraktion darstellten, ließen sie sich nicht in ihrer Ruhe beirren, so als bewegten sie sich in ihrer eigenen beschaulichen Welt. Ihr ernster Gesichtsausdruck, die Art, wie sie unter ihren dunklen Kopfbedeckungen geradeaus starrten – all das schuf eine Atmosphäre, in der ich mich unwohl fühlte.

Inmitten von übertrieben aufgemotzten Motels und leuchtenden Neonreklameschildern hatten die Amischen sich eine völlig gegensätzliche Welt geschaffen. Die Felder sahen genauso aus wie ihre Quilts – saftig, üppig, ordentlich und friedlich.

Das war ihre Welt, und wir waren Voyeure, die sie mit derselben Neugier begafften wie eine Freakshow. Ich konnte es nicht ertragen – ich wollte nur noch weg. »Gibt es irgendwelche amischen Gemeinden, wo die Leute nicht wie in einem Aquarium leben?« erkundigte ich mich bei der verblüfften Frau im Touristenbüro. Sie nannte mir eine abgelegene Gemeinde in Ohio, ein paar Autostunden entfernt.

Nach den schmalen Landstraßen gelangten

wir auf noch engere Straßen, die sich planlos durch die Landschaft schlängelten, und ließen die Welt der Straßenschilder hinter uns. Es war sehr ungewohnt für uns, so ohne die Sicherheit einer Landkarte unterwegs zu sein.

Ich brauchte einen Vorwand, um ein Gespräch zu beginnen, also erkundigte ich mich nach unserer Ankunft bei verschiedenen Amischfrauen, wo das nächste Textilgeschäft sei. Ich erzählte ihnen, ich wolle einige Stoffpuppen und unifarbenen Baumwollstoff kaufen.

Die Läden waren schwer zu finden, denn sie lagen versteckt in kleinen Straßen und sahen so aus wie alle anderen Amischhäuser, weiß mit schwarzen Fenster- und Türrahmen, und wiesen keinerlei Schilder auf. Nach einer Weile lernte ich, mich an den Pfählen zum Anbinden von Pferden und an den Buggys, die draußen standen, zu orientieren. Die Häuser der Amischen waren daran zu erkennen, daß es keine Stromleitungen gab, die zu ihnen hin führten. Einige Häuser waren mit Windmühlen ausgestattet, doch das sicherste Anzeichen war die Wäscheleine, an der, säuberlich nach der Größe geordnet, Hosen und Blusen in den dunklen intensiven Farben der Amischen hingen.

»Verkaufen Sie Puppen ohne Gesichter?« erkundigte ich mich in den Läden.

»Nein, wir verkaufen sie nicht«, erhielt ich überall zur Antwort. »Die Mütter nähen die Puppen selbst für ihre Kinder.«

»Kennen Sie vielleicht eine Frau, die bereit wäre, eine solche Puppe für mich zu nähen?«

Schließlich, als wir uns auf eine schmale Landstraße verirrt hatten, trafen wir auf eine alte Frau, die in einem Hinterzimmer ihres Hauses die nötigsten Nähutensilien verkaufte. »Sie können es am Ende der Straße probieren. Die beiden Schwestern, die dort wohnen, sind Hebammen, und ich glaube, sie nähen Puppen für die neuen Babys.«

Wir gingen zu dem Haus, das sie uns benannt hatte. »Hallo? Hallo?« rief ich, denn es gab ja bei den Amischen keine Türklingel. Nach langem Warten trat eine junge, sommersprossige Frau aus dem Haus und kam mit sicheren Schritten und ohne Eile auf uns zu. Sie war barfuß, und sie machte einen entschlossenen Eindruck in ihrem fast bodenlangen schwarzen Rock und ihrer grünen Bluse.

»Warum sind Sie hier?« erkundigte sie sich in schroffem Ton, wie mir schien. Der forschende

Blick in ihren Augen schien zu sagen: »Was um alles in der Welt wollen diese Leute hier?« Der mißtrauische Ausdruck verschwand auch nicht, als ich sie fragte, ob sie bereit sei, mir eine Puppe ohne Gesicht zu nähen.

»Wieso möchten Sie eine solche Puppe haben?« fragte sie. »Sie sind nichts Besonderes.«

Obwohl ich wußte, wie merkwürdig meine Erklärung für sie klingen mußte, sagte ich ihr die Wahrheit. »Ich dachte, ich könnte etwas von ihnen lernen.«

»Warum sagen Sie, die Puppen hätten kein Gesicht?« wollte sie wissen.

»Alle Puppen, die ich bisher gesehen habe, hatten aufgemalte Augen, Nasen und Münder. Ich fand den Kontrast so verblüffend.«

Hin- und hergerissen zwischen Mißtrauen und Neugier, schien es der Frau schwerzufallen, sich zu entscheiden. Nach mehreren Minuten öffnete sie schließlich die Tür und bat uns einzutreten. Ihr Name war Sarah. Sie führte uns bereitwillig durch ihr Haus. Zur Linken war eine geräumige Küche mit einem großen Holzofen und einem Tisch mit zehn Stühlen. Zur Rechten ein Wohnzimmer, das mit einem alten weichen Sofa, zwei Sesseln mit hohen Lehnen und einem kleinen Tisch spärlich möbliert war. Bis auf ein paar Abreißkalender waren die Wände kahl.

Alles im Haus war blitzsauber.

Das Haus gehörte ihrer Schwester Becky, erklärte Sarah. Becky hatte neun Kinder, und Sarah, die unverheiratet war, wohnte bei ihr. Sie arbeitete als Chiropraktikerin und half Becky mit den Kindern und im Garten. »Ich helfe Becky dabei, Babys aufzufangen.«

»Was meinen Sie damit?«

»Wir sind Hebammen«, sagte sie und fuhr fort: »In den beiden Zimmern neben dem Wohnzimmer haben wir Krankenhausbetten aufgestellt, damit die Mütter es bequem haben.«

Ich platzte fast vor Neugier und stellte ihr lauter Fragen. »Woher wissen Sie, ob eine Mutter kurz vor der Niederkunft steht?« fragte ich, denn ich stellte mir das in einer Gemeinde, in der es keine Telefone gab, recht schwierig vor.

»Sie kommen einfach, wenn sie soweit sind. Manche kommen von weit her, aber wir sind immer für sie da.«

»Dauert die Fahrt in einem Buggy nicht sehr lange?«

»Oh, manche Frauen heuern einfach Fahrer an, die sie herbringen«, erklärte sie selbstverständlich.

Nachdem wir eine halbe Stunde in ihrem Haus verbracht hatten, begann ich, mich unwohl zu fühlen, weil wir Sarah schon so lange in Anspruch nahmen. »Würden Sie mir eine Puppe nähen?« fragte ich in der Hoffnung, damit einen

Vorwand zu haben, um mit ihr in Kontakt zu bleiben.

»Ja, aber ich kann Ihnen nicht sagen, wann sie fertig sein wird. Ich muß warten, bis ich ein bißchen freie Zeit habe. Ist das in Ordnung?« Schließlich erklärte sie sich bereit, zwei Puppen für mich zu nähen, solange ich mir darüber im klaren war – das mußte ich regelrecht versprechen –, daß sie nichts Besonderes waren.

Dann verhandelten wir über den Preis. Sie sagte: »Fünf Dollar pro Puppe.«

Ich sagte: »Sie verlangen zu wenig.« Endlich kamen wir überein. Ich würde für beide Puppen zusammen fünfzehn Dollar zahlen.

Einige Monate später kamen die Puppen in einem Schuhkarton und mit einem kurzen Brief auf weißem, liniertem Papier. Ich öffnete die Schachtel, und zwei ernste amische Puppen schauten mich an.

Auf dem Zettel stand: »Ich hoffe, sie gefallen Ihnen. Wenn nicht, lassen Sie es mich wissen.«

Eine Woche später erhielt ich einen weiteren Brief, diesmal von einer Frau namens Ruth, die sich als Sarahs Kusine vorstellte. »Ich habe gehört, daß Sie sich für amische Puppen interessieren. Möchten Sie, daß ich eine für Sie nähe?« Erfreut über den Vorwand, mit einer weiteren amischen Frau korrespondieren zu können, und in der Hoffnung, noch mehr kurze Briefe auf weißem, liniertem Papier zu erhalten, beantwortete ich den Brief.

Innerhalb des nächsten halben Jahres erhielt ich zwölf Puppen von sieben Amischfrauen.

Still und ernst saßen die Puppen um mich herum. Ich war überwältigt von der Energie, die sie ausstrahlten.

Überall, wo ich hinsah, saß eine Puppe ohne Gesicht. Einige sahen mir bei der Arbeit im Studio zu, andere leisteten mir Gesellschaft in dem Raum im ersten Stock, wo ich meine Klienten empfing, zwei saßen auf dem Wohnzimmersofa, und ein paar hatten ihren Platz in einem alten Shaker-Korb auf dem Eßtisch.

Das ganze Haus war von ihrer Stimmung erfüllt.

Sie waren von sieben Frauen hergestellt worden, denen die Worte »du solltest« fremd waren.

Es gab keine Rangordnung unter ihnen. Keine war besser, keine schlechter als die anderen. Sie mußten weder etwas darstellen noch irgend jemandem etwas beweisen. Keine Stimme ermahnte sie: »Sei glücklich, nett oder hübsch.« Keine Stimme raunte: »Werde ein Star.«

In meiner Welt hat jeder ein Gesicht, und viele von uns bemühen sich, etwas Besonderes zu sein. Die Puppen ohne Gesicht sagten in ihrer Schlichtheit mehr. Sie überließen mehr der Phantasie. Indem sie akzeptieren, wer sie sind, vergeuden sie vielleicht nicht soviel Kraft bei dem Versuch, sich zu verändern oder miteinander zu wetteifern.

Je länger ich die Puppen betrachtete, um so mehr konnte ich mir vorstellen, daß sie kleinen Mädchen als gute Kameraden, Freunde, Verbündete und Leitbilder dienten. Aber durften sie auch weinen oder wütend werden, verspürten sie das Verlangen, wild und frei zu sein? Machte ich mir Gedanken über mich selbst?

»Sag die Wahrheit«, schienen sie zu sagen. »Hab keine Angst. Wir helfen dir. Geh weiter! Geh weiter!«

»Wohin?« fragte ich.

»Du wirst es schon wissen! Trau dich. Folge deinem Herzen.«

Es fiel mir schwer, mir einzugestehen, was ich wirklich wollte: »Bei einer Amischfamilie leben.«

Unmöglich, sagte ich mir. Alle waren derselben Meinung: Keine Amischfamilie würde mich aufnehmen. Sie waren tiefreligiöse, hart arbeitende Farmer. Sie gingen nicht auf Fremde zu, und sie missionierten nicht. Sie hatten sich entschieden, abgeschieden von der Welt und ihren Versuchungen zu leben.

Die Puppen saßen still um mich herum und feuerten mich an weiterzumachen.

Drittes Kapitel

Die Reise beginnt

Im März 1982 sagte mir eine verrückte innere
Stimme: »Sue, geh und lebe bei einer Amischfamilie.«

Ich betrachte mich selbst als einen vernünfti-
gen Menschen, nicht als jemanden, der Stimmen
hört oder ihnen folgt. Aber diese Stimme klang
so laut und deutlich, und sie kam von so tief innen, daß sie wie die Stimme eines Fremden wirkte. Ich konnte nicht umhin, auf sie zu hören.

»Es ist verrückt«, sagte der zweifelnde Teil in
mir. Vernünftige, verantwortungsbewußte Frau-

en mittleren Alters vernehmen keine Stimmen – und sie hören erst recht nicht auf sie. Kein Wunder, daß der vernünftige Teil in mir in Panik geriet. Ein Leben lang hatte er mich beschützt und fühlte sich sicher, denn er war davon überzeugt, seine Sache gut gemacht zu haben. Selbst wenn mich zu beschützen das Aufrechterhalten von festgefahrenen Strukturen bedeutete, so handelte es sich zumindest um vertraute Strukturen.

Ich weiß nicht warum, aber ein anderer Teil in mir vertraute der Stimme. Der Teil, der nicht viele Fragen stellen oder Gründe für das finden muß, was er tun will – er weiß einfach, was er zu tun hat. Ich wußte, daß ich es tun mußte.

Ich erklärte meinem Mann, was ich vorhatte. Ich schrie wie ein Feldwebel in schweren Kampfstiefeln, als ich ihm meine Entschlossenheit klarmachte, vor lauter Sorge, ich könnte Angst vor der eigenen Courage bekommen, wenn ich mir die Zeit nahm, um vernünftig darüber zu diskutieren.

Ich redete mir ein, ich ginge, weil ich als Künstlerin mehr über diese Leute erfahren wollte, die wundervolle Quilts herstellten, ohne sich als Künstler zu betrachten. Wenn meine Freunde behauptet hätten, ich wolle ausziehen, um tiefere Erkenntnisse zu gewinnen, hätte ich sie für verrückt erklärt.

Am nächsten Tag starrte ich wie gebannt auf

eine Landkarte von Amerika. Ich wußte nicht, wohin ich gehen sollte. Es gab zu viele Möglichkeiten: Pennsylvania, Ohio, Iowa, Indiana, Missouri, Illinois, New York, Wisconsin. Wohin sollte ich gehen? Ich hoffte, die Antwort würde mir aus der Karte entgegenspringen, und ein Ort würde rufen: »Nimm mich!« Doch das geschah nicht.

> Verheiratete englische Frau mittleren
> Alters möchte in diesem Sommer ein
> Zimmer bei einer Amischfamilie mieten.
> Sie ist sehr umgänglich.
> Bitte melden bei: Rogers

Wie sah mein Plan aus? Was war der Zweck meiner Reise? Mir war nicht bewußt, daß die Fragen, die ich mir stellte, sich auf mein Leben bezogen. Mein wachsendes Interesse an den Quilts und vor allem die mysteriöse Anonymität der Puppen ohne Gesicht machten mich nervös. Wie, wenn sie mich auf einen Weg lockten, den ich nicht geplant hatte?

Ich schrieb Hunderte von Leuten an, die ich um Hilfe bat. Ich durchsuchte die Fachzeitschriften für Quiltkunst und schrieb jeden an, der auch nur im entferntesten mit dem Leben der Amischen zu tun hatte. Ich fotokopierte sogar ein Foto von unserer Familie vor der Tür unseres Hauses in den Hügeln von Berkeley – in der

Hoffnung, daß die Leute sich von meinem seltsamen Ansinnen nicht abschrecken ließen, wenn sie sahen, daß ich normal aussah und zu einer normal aussehenden Familie gehörte.

Ich ließ nichts unversucht. Ich abonnierte *Budget,* die Wochenzeitschrift der Amischen, in der Hoffnung, darin eine Anzeige zu finden, auf die ich reagieren konnte. Ich schrieb einen Brief an die Großeltern der Freundin meines Sohnes, die in Iowa in der Nähe einer Amischgemeinde wohnten, und erkundigte mich, ob sie vielleicht eine Familie kannten, die bereit sein würde, mich aufzunehmen. Da sie offenbar die Dringlichkeit in meiner Bitte gespürt hatten, setzten sie eine Anzeige in die Mai-Ausgabe von Budget.

Sechs Wochen lang erhielt ich nicht eine einzige Antwort. Dann schickte mir eine Frau, die ich in meinem ersten Quilt-Kursus kennengelernt hatte, ein Foto, das sie aus einer Zeitung aus Iowa ausgeschnitten hatte. Die Bildunterschrift lautete: »Ein Engländer, Gerry Smithson, führt in Brimfield, Iowa, einen amischen Gemischtwarenladen.« Der Zeitungsausschnitt enthielt einen Namen, eine Adresse und ein Bild von einem freundlichen Gesicht. Sofort rief ich die Auskunft an. Man erklärte mir, es gebe keine Person dieses Namens – und fügte gleich hinzu, es gebe mit Sicherheit keinen amischen Laden in der Stadt.

An jenem Abend war ich bei zwei guten Freunden, beide Quilthändler, denen meine Arbeiten mit den amischen Stoffflicken gut gefiel, zum Essen eingeladen. Als sie mich fragten, wie es mir ging, schüttete ich ihnen mein Herz aus und erzählte ihnen von meinem Mißerfolg.

Im nächsten Augenblick änderte sich alles.

»Oh, Gerry Smithson ist ein Freund von mir«, sagte einer der beiden und griff nach dem Telefon.

Einige Minuten später sprach ich mit dem Eigentümer des Brimfield General Store, der mich einlud, ihn und seine Frau für ein paar Tage zu besuchen. Er riet mir jedoch, mir keine allzu großen Hoffnungen zu machen. »Keine Amischfamilie wird Sie aufnehmen. Das ist bei diesen Leuten einfach nicht üblich.« Ich war zwar enttäuscht, aber auch glücklich darüber, endlich einen Ansatzpunkt gefunden zu haben.

Zwei Tage vor meiner Abreise rief Gerry noch einmal an. »Ich habe eine Amischfamilie für Sie gefunden.« Eli Yoder, der Gemeindeprediger, hielt die Idee für eine gute Sache. Ich konnte Miriam, seiner Schwiegermutter, Gesellschaft leisten. Sie war erst kürzlich verwitwet und fühlte sich einsam. Sollte ich nicht mit ihr auskommen, konnte ich bei Eli, seiner Frau, und ihrer elfjährigen Tochter Lydia wohnen. »Sie werden gut zusammenpassen«, fügte Gerry hinzu.

Ich ging in die Bibliothek und schleppte einen Stapel Bücher über die Amischen nach Hause. Ich war mir nicht ganz sicher, ob ich mir von Experten sagen lassen sollte, wie die Amischen wirklich waren. Ich wollte aufgeschlossen bleiben und mich nicht von wissenschaftlichen Erkenntnissen durcheinanderbringen lassen. Und doch war ich neugierig. Wer waren diese Leute? Woher kamen sie? Welche Rituale, welche Bräuche pflegten sie?

Die Amischen nennen sich selbst ein »auserwähltes Volk«. War ich auserwählt, weil ich mich ausgerechnet für sie interessierte?

Sie waren um 1720 nach Amerika gekommen, auf der Suche nach Religionsfreiheit. In Europa waren sie wegen ihres strengen Glaubens verfolgt worden, man hatte ihnen ihr fruchtbares Land geraubt und sie in unfruchtbare Gegenden vertrieben.

Aus Furcht vor ihrem Einfluß hatten die religiösen und politischen Machthaber Gesetze erlassen, nach denen es den Amischen nicht erlaubt war, Land zu besitzen oder Gemeinden zu bilden. Als William Penn ihnen in Pennsylvania fruchtbares Land und das Recht in Aussicht stellte, eigene Siedlungen zu gründen, kamen sie nach Amerika, wohin sie hauptsächlich »geistiges Gepäck« mitbrachten.

Die Amischen sind Nachkommen europäischer Täufer oder Taufgesinnter, einer radikalen Sekte des sechzehnten Jahrhunderts. Die Täufer, zu denen auch die Anhänger des Menno Simon gehörten, die sich Mennoniten nannten, setzten ihr Leben aufs Spiel bei dem Versuch, einen anderen Weg zu gehen, denn sie glaubten, daß die Protestanten mit ihren Reformen nicht konsequent gewesen waren. Sie wurden Täufer oder abfällig Wiedertäufer genannt, weil sie die Kindstaufe ablehnten und die Überzeugung vertraten, daß ein Mensch die Taufe erst im Alter von zwanzig Jahren empfangen sollte, wenn er in der Lage war, sich bewußt für eine Religion zu entscheiden.

Jacob Ammann, der charismatische, mennonitische Prediger, nach dem die Amischen benannt sind, ging in seinen Forderungen nach radikalen Reformen noch weiter als andere Täufer. Um 1690 stellte er die enorme Macht und Autorität der katholischen Kirche in Frage, indem er die strikte Trennung von Staat und Kirche forderte. Er kritisierte die Eitelkeit der Kirche, die opulenten Gottesdienste, die kostbaren Gewänder der Priester, denn er glaubte, daß das hierarchische System der Kirche den einzelnen um seine unmittelbare Gotteserfahrung brachte und daß auf diese Weise elementare Glaubensinhalte verlorengingen. Religion sollte sinnlich erlebbar sein. Seine Anhänger, die Amischen, betrachteten sich als Gottes auserwähltes Volk und waren sich seiner ganz besonderen Fürsorge sicher.

Ammann suchte nach einer Möglichkeit für seine Anhänger, ein gutes und anständiges Leben zu führen. Er predigte die Rückkehr zum Schlichten und Einfachen. Die Menschen sollten Gottesfurcht und ein einfaches, bäuerliches Leben miteinander verbinden. Er lehrte sie, ihren Glauben zu praktizieren. Sonntags in der Kirche zu Gott zu beten reichte nicht aus. Es kam darauf an, seinen Glauben tagtäglich auszuüben und durch strenge Sitten und Traditionen zu untermauern. »An ihren Früchten sollt ihr sie erkennen«, stand in der Bibel.

Ammanns strenge Glaubenslehre erstreckte sich auf jeden einzelnen Bereich des täglichen

Lebens. Demut und Bescheidenheit gehörten zu den höchsten Werten, und er führte einige frühchristliche Rituale wieder ein – wie zum Beispiel die Fußwaschung –, um seine Anhänger zur Demut zu erziehen. Er predigte Gewaltlosigkeit und verlangte von seinen Anhängern, jegliche Teilnahme an kriegerischen Handlungen zu verweigern. Prunksucht war eine Sünde, ein Zeichen falschen Stolzes; da Knöpfe ursprünglich als Zierat gedacht waren, durften nur Haken und Ösen verwendet werden.

Ammann war bestrebt, die Amischen von der Außenwelt abzukapseln. Das Leben außerhalb der Gesellschaft sollte die Angehörigen dieser »kleinen Insel von Außenseitern« zusammenschweißen. Das Bedürfnis, sich abzusondern, sollte der Kitt sein, der die Gemeinde zusammenhielt. Ammann verlangte den totalen Gehorsam einem allwissenden Gott gegenüber. Der Gehorsam wurde daran gemessen, wie genau jemand die Regeln einhielt, und diejenigen, welche die Regeln brachen, wurden streng bestraft. Da er Exkommunikation als keine ausreichend harte Strafe betrachtete, führte Ammann den »Bann« ein. Jeder, der die strengen Regeln übertrat, wurde von der Gemeinschaft ausgeschlossen, er durfte weder mit seiner Familie an einem Tisch essen noch mit den Nachbarn verkehren, noch das Bett mit seinem Ehepartner teilen. Die gesamte soziale Existenz eines Menschen wurde zerstört, wenn er sich nicht der Gemeindezucht unterordnete.

Entsetzt über das, was ich gelesen hatte, schlug ich die Bücher zu. Ich hasse es, mir vorschreiben zu lassen, was ich zu tun und zu lassen habe. Es hatte mir großes Vergnügen bereitet, als mein kleiner Sohn mir eine Geburtstagskarte geschrieben hatte, auf der er mich »freie Bender« nannte.

Doch die Leute, die ich besuchen wollte, die Leute, welche die Quilts herstellten, die ich so bewunderte, beugten sich ihr Leben lang strengen Regeln.

Happy Happy Birthday MRS Free Bender. This is a very important Birthday because your life will almost be half over. But the forty something years you have left you will still be a great mother and person plus you I will always be free.

Free Bender

LOVE DAVID

Viertes Kapitel

Der Traum wird auf die Probe gestellt

Einige Monate später, im Juni, bot mir ein Freund, der Richtung Osten fuhr, an, mich bis nach Brimfield, Iowa, mitzunehmen. Als wir uns der Stadt näherten, schienen wir in eine andere Welt zu geraten. Plötzlich gab es keine Vorstädte mehr, keine Fabriken, keine Supermärkte, McDonald's, Tankstellen oder Plakatwände. Aber vor allem gab es keinen Schnickschnack.

Wir folgten den Hinweisschildern zum Gemischtwarenladen von Brimfield. Wie die meisten Häuser der Amischen war es ein einfaches weißes Haus mit schwarzen Tür- und Fensterrahmen. Es stand etwas abseits der Straße, umgeben von saftigen grünen Wiesen. Vor der Veranda standen drei schwarze Einspänner, während die Pferde neben dem Haus angebunden waren.

Mein Freund parkte seinen Wagen neben den Buggys, und wir betraten den kleinen, schlichten Laden. Man konnte hier alles kaufen. In alten, gut gepflegten Holzregalen und Schaukästen lagen Schreinerutensilien, Stoffe zum Nähen und Quitten, Lebensmittel, Süßigkeiten, Briefpapier, Schuhe, Saatgut und Reinigungsmittel, und es gab eine Tiefkühltruhe für Eiskrem.

Wir wurden von einem etwa sechzigjährigen Mann in einem leuchtend grünen Hemd begrüßt. Er hatte unglaublich funkelnde Augen und buschige Brauen, und sein freundliches Lächeln zog sich von einem Ohr bis zum ändern. Das war Levi, Gerry Smithsons rechte Hand und der Manager des Brimfield General Store. Er bot uns ein paar Erdnüsse an und teilte uns mit, Gerry und seine Frau Essie würden gleich wieder zurückkommen.

Ich war nervös. Hier gehörte ich nicht hin.

Es war ein warmer Juninachmittag. In meinem beigefarbenen, kurzärmeligen T-Shirt und meinem grauen Baumwollrock kam ich mir nackt vor. Alle anderen, die den Laden betraten, trugen einfache, robuste Bauernkleidung, die an das achtzehnte Jahrhundert erinnerte. Wie wir so dastanden, unsere Erdnüsse knabberten und jeden neuen Kunden neugierig beäugten, waren mein Freund und ich plötzlich die Außenseiter.

An einem kleinen Holztisch im vorderen Teil des Ladens waren drei Männer in eine lebhafte Diskussion vertieft. Zwei sechsjährige Kinder kamen herein und verlangten jedes ein Eis, mehrere Frauen kauften Lebensmittel ein, und eine Frau suchte sich drei Meter Stoff für ein neues Kleid aus. Zwei Teenager gingen Levi bei der Bedienung der Kunden zur Hand.

Auf den ersten Eindruck sahen sie alle gleich aus. Gleich und ernst.

Die Kundinnen – kleine Mädchen, junge Mütter, alte Frauen – waren alle gleich gekleidet: das Haar in der Mitte gescheitelt und zu einem strengen Nackenknoten gebunden, darüber ein schwarzes Häubchen. Ihre einfarbig braunen, grauen oder dunkelblauen Kleider waren fast bodenlang, hochgeschlossen und langärmelig. Über den Kleidern trugen die Frauen dunkle, farbig abgesetzte Schürzenbänder auf dem Rücken gekreuzt und vorne zusammengebunden. Ihre praktischen schwarzen Schuhe erinnerten an solche, wie Nonnen sie trugen.

Entsprechend der Lehre Ammanns, die Schlichtheit und Einfachheit verlangte, war das Haar der Männer unfrisiert – etwa schulterlang –, und ihre Bärte waren ungestutzt – so lang und buschig wie der von William Penn. Ihre Hosen waren aus schwerem, robustem Stoff und sehr weit geschnitten. Einige trugen Hosenträger, aber niemand trug einen Gürtel.

Ihre stille Gleichheit, die verhaltene Art, mit der sie sich bewegten, so daß sie fast mit ihrer Umgebung verschmolzen, hatte etwas Beunruhigendes. Es war, als hätten sich alle untereinander abgesprochen und seien übereingekommen, daß niemand auffallen sollte.

Ich mochte es aufzufallen. Meistens trug ich außergewöhnlichen, antiken arabischen oder präkolumbianischen Schmuck, und es gefiel mir, wenn Leute mich ansprachen und sich erkundigten, woher der Schmuck kam. Ich hatte beschlossen, meinen Schmuck zu Hause zu lassen, doch in dieser Umgebung fiel ich auf, ohne es zu wollen. Ich hatte ein geübtes Auge, um zu erkennen, wer extrovertiert, wer scheu war oder wer sich übertrieben Mühe gab, Eindruck zu schinden, doch hier war diese Fähigkeit unbrauchbar.

Als ich jedoch genauer hinsah, stellte ich fest, daß ihre Kleidung keineswegs eintönig war. Ihre Hemden und Blusen waren tierviolett, leuchtend grün oder blau. Diese intensiven Farben bildeten einen starken Kontrast inmitten all der Schlichtheit.

Später entdeckte ich, daß Ida und Sadie, die beiden amischen Teenager, die im Laden mithalfen, unter ihren fast bodenlangen Röcken leuchtend blaue Sportschuhe mit gelben Blitzen an den Seiten trugen. Welche Regel gestattete es ihnen, solche Schuhe zu tragen?

Mein Freund reiste am Nachmittag weiter, und ich blieb bei Gerry und Essie, die hinter dem Laden wohnten. Am nächsten Morgen saß ich unter einer riesigen Eiche neben dem Laden, betrachtete die friedliche Landschaft und weinte. Ich war erschöpft, aufgeregt und ängstlich.

Ich hatte einen unmöglichen Traum verwirklicht. Ich hatte gesagt: »Ja, ich will«, und jetzt war ich hier. Die alten Quilts und die Puppen ohne Gesicht hatten mich bis hierher geleitet, doch warum ich hier war, was ich wirklich suchte oder zu finden hoffte, war mir überhaupt nicht klar. Statt dessen fragte ich mich, ob ich in der Lage sein würde, in diesem stillen Land zur Ruhe zu kommen.

✼

Am nächsten Tag lernte ich die Yoders kennen.
Gerry fuhr mich zu ihnen hinüber. Ich stieg aus
seinem Wagen und stand vor dem bescheidenen
amischen Farmhaus. Nicht weit vom Haus entfernt drehte sich eine Windmühle langsam in der
leichten Brise und warf ihren Schatten auf eine
rote Scheune, hinter der sich mehrere Morgen
Land erstreckten. Dann sah ich Emmy Yoder,
eine stämmige Frau mit einem runden, freundlichen Gesicht, und Lydia, ihre schlaksige elfjähri-
ge Tochter, aus dem Haus treten. Sie kamen lächelnd auf mich zu und begrüßten mich. Ich kam
mir vor wie Margaret O'Brien in einem alten
Film – eine Waise, die mit dem Koffer in der
Hand und Mut im Herzen ihr Schicksal erwartet.
Ich verabschiedete mich von Gerry und folgte
Emma und Lydia durch eine Seitentür ins Haus.
Durch einen kleinen Vorraum gelangten wir in
eine geräumige, sonnige Küche mit einem gro-

ßen Tisch in der Mitte und einem Holzofen, einem Linoleumboden und gesprenkelten Resopalarbeitsflächen, ähnlich denen, die ich zu Hause in meiner Küche hatte – nichts Außergewöhnliches, weder altmodisch noch modern.

Aber der ganze Raum blitzte vor Sauberkeit.

Was die Küche ausstrahlte, war mehr als die alltägliche Sauberkeit und Ordnung. Die Luft schien lebendig zu sein, beinahe zu pulsieren. Kann ein Zimmer einen Puls haben? Kann eine Umgebung zugleich ruhig und erregend sein? Ich war noch nie in einem Raum gewesen, der eine solche Atmosphäre ausgestrahlt hatte.

Gewöhnlich befand ich mich in einem erregten Zustand, mit meinen Gedanken überall gleichzeitig. Doch nachdem ich einige Minuten in dieser Küche verbracht hatte, entspannte ich mich und begann, mich ganz ruhig zu fühlen. Die Veränderung war so gravierend, daß ich mich fragte, ob man sich so fühlte, wenn man einen anderen Bewußtseinszustand erreichte.

Emma bot mir eine Tasse Kaffee an. Sie brühte etwas Nescafé auf und stellte eine Schale mit köstlichen, frischgebackenen Schokoladenplätzchen auf den Tisch.

»Möchten Sie meinen Vater kennenlernen?« erkundigte sich Lydia, nachdem wir eine Weile miteinander geplaudert hatten. »Er ist zu einem Nachbarn gegangen, um ihm bei der Arbeit zu helfen.« Während ich mit diesem lebhaften Amischmädchen über die Landstraße spazierte, wunderte ich mich darüber, wie unbefangen sie mir gegenüber war. Ich mußte an meine eigenen Kinder und deren Freunde denken, die sich häufig unsicher fühlten, wenn sie sich mit Erwachsenen unterhielten. Dieses angeblich weltfremde Mädchen, das ohne Fernsehen, Zeitungen, Kino und Radio aufwuchs, konnte sich auf muntere, intelligente Weise mit mir unterhalten. Als wir in der Scheune ankamen, wo ihr Vater dabei war, Heuballen zu stapeln, stellte sie mich ihm vor.

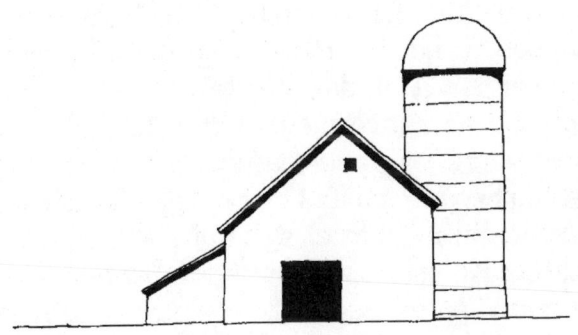

Eli, ein schlanker, drahtiger Mann, betrachtete mich durch die kleinen Gläser seiner Nickelbrille. Er hatte das gleiche Funkeln in den Augen wie Levi, der Manager des Gemischtwarenladens.

Nachdem ich seine mollige Frau kennengelernt hatte, kam er mir vor, als gehöre er einer moderneren Generation an, die wußte, daß es ungesund ist, dick zu sein.

»Ich bin ein wenig außer Atem«, sagte er. »Ich verrichte den ganzen Tag lang harte Arbeit, und dann mach' ich noch das hier.« Es war keine Entschuldigung oder Angeberei, er sprach einfach aus, was ihm durch den Kopf ging. »Wir müssen das Heu in der Scheune haben, bevor der Regen kommt«, erklärte er. Ich fand ihn sehr nett und charmant.

Auf dem Heimweg erläuterte Lydia mir den Tagesablauf ihres Vaters. Eli arbeitete nicht nur dreizehn Stunden am Tag als Farmer und Schmied, sondern er war auch der Gemeindeprediger, ein Amt, das ihm keine Bezahlung, jedoch viel Verantwortung einbrachte und das er bis an sein Lebensende ausüben würde. Sein Arbeitstag begann um fünf Uhr mit dem Füttern der Tiere, dann machte er sich auf den Weg in die mehrere Kilometer weit entfernte Schmiede. Lydia genoß ihre neue Rolle als meine Lehrerin, und ich schätzte mich glücklich, eine so eifrige Führerin zur Seite zu haben, die mich in die Welt der Amischen einwies.

Lydia deutete auf eine hutzlige alte Frau mit einem kleinen, runzligen Gesicht, die von einem Pferdewagen stieg, um ihr Pferd abzuschirren.

»Das ist meine Oma Miriam«, sagte Lydia, als wir auf sie zugingen.

Das Pferdegeschirr zu heben, das so aussah, als sei es doppelt so schwer wie sie selbst, war eine erstaunliche Leistung für eine kleine, alte Frau. »Das ist eigentlich Männerarbeit, aber ich muß sie trotzdem tun«, sagte Miriam, als sie uns begrüßte. Es war weder eine Klage noch eine Entschuldigung; sie ließ mich nur wissen, wie sich die Dinge verhielten. Ich half ihr, ihre Einkäufe ins Haus zu tragen. Sie warf den Motor ihrer Wasserpumpe an und führte mich dann eifrig durch ihren Garten. »Im Garten meiner Tochter Emma wächst mehr als genug. Ich könnte von ihr Gemüse bekommen, aber ich möchte lieber unabhängig bleiben«, sagte sie.

Während ich mit Lydia über den schmalen Pfad zurückging, der von dem kleinen Haus ihrer Großmutter zu ihrem Haus führte, erklärte sie: »Meine Großeltern wohnten früher bei uns im Haus, aber jetzt führen meine Eltern die Farm, und sie haben nebenan ein kleines Haus für ihre Eltern gebaut. Das ist unsere Tradition – unsere Eltern ziehen um, wenn sie älter werden. Wir nennen es das Großvaterhaus.«

An jenem ersten Tag aß Miriam mit uns zusammen zu Abend. »Gewöhnlich esse ich in meinem eigenen Haus, aber heute ist ein besonderer Abend«, erklärte sie. Eli war der Gastgeber, umgeben von seinem Harem: Ehefrau, Tochter, Schwiegermutter und nun auch ich. Er bestritt den größten Teil der Unterhaltung, fragte mich nach meinem Leben in Kalifornien. Emma dagegen war still und scheu, sie verschwand beinahe im Hintergrund.

»Es ist mutig von Ihnen, mich in Ihrem Haus aufzunehmen«, sagte ich.

»Ja«, sagte Eli, »aber ich glaube nicht, daß wir mit einem gerichtlichen Nachspiel rechnen müssen.«

»Emma, Sie sind eine ausgezeichnete Köchin«, sagte ich, um sie ins Gespräch einzubeziehen. »Ja, und man sieht es ihr an«, fügte Eli mit einem Blick auf seine rundliche Frau hinzu, bevor sie dazu kam zu antworten.

Nach dem Abendessen bot ich mich an, den Abwasch zu machen. Emma zögerte. »Sie haben bestimmt eine Spülmaschine zu Hause«, sagte sie schüchtern. »Ich wette, Sie haben zwei«, sagte Eli schnell, bevor ich antworten konnte. Ich war verlegen. Mußte ich mich dafür entschuldigen, daß ich eine Spülmaschine besaß? Ich betrachtete die Leute, die um den Tisch herum saßen, und fragte mich, was sie von mir hielten, wie jeder von ihnen sich mein Leben in Kalifornien vorstellte. Was hatte sie zu dem Entschluß gebracht, mich aufzunehmen? War es Elis Vorschlag gewesen, und die Frauen hatten eingewilligt?

Lydia wurde damit beauftragt, mir zu zeigen, wie der Abwasch vonstatten zu gehen hatte. Sie war sehr bestimmt und hatte ganz genaue Vorstellungen von dem Arbeitsablauf, und ich wußte sofort, daß ich gut daran tun würde, aufmerksam zuzuhören und ihre Anweisungen exakt zu befolgen. Das Plastikgeschirr wurde zunächst in einer Schüssel abgewaschen und dann in einer zweiten abgespült, um Wasser zu sparen. Jeder Schritt wurde gewissenhaft ausgeführt – hier gehörten die Tassen hin, dort die Teller, alles hatte seine Ordnung. Einfache Bewegungen, simple Handgriffe, alles gehörte zu einem ungeschriebenen Ritual, das alle kannten und befolgten.

Ich lächelte bei dem Gedanken daran, wie ich meinen Abwasch erledigte – ein kleines Symbol meines Freigeistes, auf den ich so stolz war. Abwasch stand auf meiner Liste der Dinge, die ich nicht ausstehen konnte, fast an oberster Stelle. Wenn mir mitten bei der Arbeit eine Idee für ein Kunstwerk kam, ließ ich alles stehen und liegen, auch wenn ich erst die Hälfte des Geschirrs gespült hatte. Kreative Menschen konnten es sich leisten, unordentlich und undiszipliniert zu sein, sagte ich mir – außerdem fand ich jede Art von Routine langweilig.

Als ich mit dem Abwasch fertig war, zeigte Emma mir mein Zimmer im ersten Stock. Das Zimmer gehörte Lydia, die bereitwillig nach unten in die kleine Kammer neben dem Schlafzimmer ihrer Eltern gezogen war, wo sie als kleines Kind geschlafen hatte. Mein Zimmer war zur Straße hin gelegen, es war unscheinbar und doch recht gemütlich. Die einfache Einrichtung bestand aus einem Doppelbett, einem großen Kleiderschrank und ein paar Andenken, die Lydia gesammelt hatte. Emma, eine große Dose mit gekauftem Vanilleeis unter dem Arm, wünschte mir eine gute Nacht und erklärte mir, daß sie mit ihrem Einspänner zu einem Nachbarn fahren würden, um einen Geburtstag zu feiern.

Nachdem sie gegangen waren, fragte Miriam mich, ob ich Lust hätte, noch ein Weilchen mit in ihr Haus zu kommen. »Ich fürchtete, daß jemand, der mit unserer Lebensweise nicht vertraut ist, nicht mit meinem Kerosinofen zurechtkommen würde«, sagte sie. »Und es hat in der letzten Zeit einige Brände gegeben, die von solchen Öfen ausgelöst wurden. Deswegen habe ich es mir anders überlegt und wollte nicht, daß Sie bei mir im Haus wohnen.«

Wir unterhielten uns beim flackernden Schein einer Kerosinlampe, und sie berichtete mir von ihrem Alltag. Dreimal pro Woche arbeiteten sie und ihre Schwester als Putzfrauen für englische Familien. Ihre Schwester war zu den Mennoniten übergetreten, einer weniger strengen Sekte, als es die Amischen waren. »Sie darf ein Auto fahren.«

»Ist es Ihnen gestattet, in einem Auto mitzufahren?« fragte ich, denn ich nahm an, dies verstieße gegen ihre religiöse Überzeugung.

»Aber ja, wir dürfen nur kein Auto besitzen. Wir fahren zusammen in die Stadt, und auf diese Weise habe ich eine Beschäftigung. Ich bin nicht gern untätig, und die Arbeit gefällt mir, und das zusätzliche Taschengeld kann ich auch gebrauchen. Oh, wir schrubben alles blitzblank. In manchen Häusern von diesen Englischen sieht es wirklich ganz schön schlampig aus.« Ich hörte ihr an, daß ihr nicht nur die Arbeit, sondern auch die regelmäßige Fahrt in einem Auto Spaß machte. Als ich sie so begeistert von ihrer Arbeit als Putzfrau erzählen hörte, wünschte ich, ich könnte sie mit nach Hause nehmen, damit sie mir bei der Hausarbeit helfen konnte. Hausarbeit, wie zum Beispiel Geschirr spülen, stand auf meiner Liste der befriedigenden Tätigkeiten ganz unten.

»Manchmal, wenn ich abends müde nach Hause komme, wünsche ich mir, ich könnte einfach ein elektrisches Licht einschalten«, fuhr Miriam fort. Dann, als fürchte sie, ich könnte sie mißverstehen, fügte sie zu meiner und sicherlich auch ihrer eigenen Beruhigung hinzu: »Natürlich möchte ich mein Leben nicht wirklich ändern. Wir Amischen wollen so bleiben, wie wir sind.«

Nachdem wir einander gute Nacht gesagt hatten, ging ich voller neuer Eindrücke durch eine Stille, die nur durch ein gelegentliches Hufgetrappel unterbrochen wurde, zurück zu Eli und Emmas Haus. Dann kroch ich müde und glücklich in mein Bett und schlief ein.

Um fünf Uhr früh am nächsten Morgen knieten wir im Wohnzimmer, um das Morgengebet zu sprechen. »Wir danken Dir, Gott, für Deine Hilfe, vergib uns unsere Sünden und steh uns bei der Feldarbeit bei«, sagte Eli. Mir zu Ehren sagten sie das Gebet auf englisch. Untereinander sprachen sie einen deutschen Dialekt, konnten jedoch mühelos von der einen Sprache zur anderen wechseln. Nach dem Gebet gingen Eli und Lydia hinaus, um die vier Pferde, zwei Kühe, die Ziege und die zahllosen Hühner zu füttern. Anschließend wurde das Vieh auf die Weide gelassen. Emma sammelte Eier ein. Dann gab es Frühstück.

Zu meinem Entsetzen bestand das Frühstück aus gesüßten Cornflakes, die obendrein noch mit einer Portion Honig und mehreren Teelöffeln Zucker angereichert wurden, fertiggekauftem Weißbrot und Butter, süßer, hausgemachter Marmelade und koffeinfreiem Kaffee mit zwei Teelöffeln Zucker.

Ich befand mich im Zuckerhimmel. Unwillig, auf meine gewohnte Kost, die aus frischgepreßtem Apfelsinensaft, Müsli, Vollkornbrot und fettarmer Milch bestand, zu verzichten, knabberte ich lustlos an einem Stück Toastbrot und sah den andern beim Essen zu.

Um sechs fuhr Eli in seinem Einspänner los, und Emma, Miriam, Lydia und ich gingen in den Garten. Wir pflückten eimerweise Erbsen und schleppten sie in die Küche. Riesige Töpfe aus rostfreiem Stahl wurden aus den Schränken geholt. Sie sahen nagelneu aus, doch Emma erklärte, sie besäße sie schon seit zwanzig Jahren. Ebenso verhielt es sich mit dem glänzenden, schwarzen gußeisernen Holzofen, der in Wirklichkeit dreißig Jahre alt war. »Wir sind doch nur fünf oder sechs Personen. Wozu brauchen wir solche riesigen Töpfe?« fragte ich. »Die würden ja für eine ganze Kompanie reichen.«

»Wir kochen einen Teil für das Abendessen, aber der Rest wird eingeweckt«, sagte Emma. »Auf diese Weise sind wir immer gut gerüstet.«

»Manchmal kommt unsere ganze Familie zusammen, und das können bis zu zweihundert Leute sein«, erklärte sie. »Wir versuchen, möglichst autark zu sein.« Es machte ihnen nichts aus, viel Zeit für die Zubereitung und Haltbarmachung von Lebensmitteln zu opfern. Der größte Teil der Sommerernte wurde für den Winter aufbewahrt. Ohne Tiefkühltruhen mußte vieles eingelegt und eingeweckt werden – im Keller ent-

deckte ich ganze Schränke gefüllt mit Tomaten-
mus, drei verschiedenen Sorten Bohnensalat
und Weißkohlsalat. Die Mengen waren beein-
druckend – fünfundvierzig Liter Apfelkompott,
vierzig Kilo Hühnerfleisch und zwanzig Kilo
Hackfleisch. Als sie meine Verwunderung bemerkte, erzählte Lydia: »Letzte Woche haben wir
vierundsechzig Gläser Tomaten eingeweckt.
Mindestens vier Scheffel davon haben wir zu
Ketchup verarbeitet. Dazu schneiden wir die Tomaten klein, schütten sie in große weiße Eimer,
salzen sie und lassen sie eine Woche lang ziehen.
Jeden Tag wird die Flüssigkeit, die sich oben
drauf gebildet hat, abgeschüttet. Nach einer Woche werden die Tomaten in große Töpfe umge-
füllt und dick eingekocht. Zum Schluß kommen
Gewürze und Zucker dazu.«

»Je weniger wir auf dem Markt kaufen müssen, um so besser«, fügte Emma hinzu.

An jenem Tag sterilisierten wir große Einweck-
gläser, kochten die Erbsen und weckten sie ein.
Wir arbeiteten ruhig und gleichmäßig, plauder-
ten miteinander, führten einen Arbeitsschritt
nach dem anderen aus. Ich beobachtete die anderen bei ihrer Tätigkeit – und war beeindruckt
zu sehen, mit welcher Gelassenheit sie ihre Arbeit verrichteten und sich doch stets auf das kon-
zentrierten, was gerade getan werden mußte. Als
wir fertig waren, hatten wir vierzig Gläser voll

Erbsen, jedes mit einem Etikett versehen, die alle in ordentlichen Reihen im Keller aufgestellt wurden.

Niemand war in Eile.

Jeder Schritt wurde mit Sorgfalt ausgeführt.

Die Frauen erledigten ihr Tagewerk ohne Hast. Nie beeilten sie sich, mit etwas fertig zu werden, damit sie sich den »wichtigen Dingen« zuwenden konnten. Für sie war alles gleich wichtig.

Vielleicht hatten sie ihre Lebensgewohnheiten von ihren Müttern und Großmüttern gelernt. Offensichtlich hatte sich irgend jemand ausführlich Gedanken darüber gemacht, wie man jeden Arbeitsgang auf die sinnvollste und effizienteste Weise ausführen konnte. Inzwischen folgten sie dem Schema automatisch, diese Art zu arbeiten war ihnen eingefleischt, man brauchte keine Zeit mit Fragen danach zu verschwenden, wie irgend etwas getan werden sollte – sie arbeiteten entspannt, »unbewußt bewußt«. »Wir sind damit aufgewachsen zu lernen, wie man näht, kocht, quiltet, einweckt und den Garten bestellt«, sagte Emma, »ohne daß wir sagen könnten, wann wir es gelernt haben.«

Welche Arbeiten waren Pflichten? Welche machten Spaß? Für sie schien es keinen Unterschied zu machen.

Sie hatten immer genug Zeit. Es war, als hätten sie eine Möglichkeit entdeckt, sich in der Zeit zu bewegen, ein Teil der Zeit zu sein, ein harmonisches Verhältnis zur Zeit zu haben.

Für mich war Zeit eine Last.

Ich hatte nie genug Zeit. In Berkeley rannte ich atemlos unerreichbaren Zielen hinterher – und jener vagen Vorstellung von »etwas da draußen«. Wenn ich ihnen erzählte, wie sehr ich innerlich zerrissen war zwischen Dingen, die ich mochte, und Dingen, die ich nicht ausstehen konnte, lachten die Frauen und versuchten, sich meine Situation vorzustellen.

»Wenn man eine Gemüsesuppe kocht, steht es der Möhre nicht an zu sagen, ich schmecke besser als die Erbsen, oder der Erbse, ich schmecke besser als der Kohl. Für eine gute Gemüsesuppe braucht man alle Gemüsesorten!« sagte Miriam.

Miriam unterhielt uns stets mit ihrem ausgeprägten Sinn für Humor. Während wir arbeiteten, erzählte sie uns lustige Geschichten aus ihrer Kindheit.

Wie die Tage so vergingen, fühlte ich mich wie in einem Stilleben. Den Hintergrund bildete eine sanfte, weite Farmlandschaft, und im Vordergrund waren viele Leute zu sehen, die in stiller Anmut ihre Arbeit verrichteten.

Alles war ein Ritual.

Den Abwasch machen, den Rasen mähen,

Brot backen, einen Quilt nähen, einwecken, die Wäsche aufhängen, Gemüse ernten, Unkraut jäten. Freitag: Hausputz. Samstag: Rasenmähen. Montag: Waschtag. Emma, Lydia und Miriam, drei Generationen von Frauen lebten zusammen und wußten genau, was sie zu tun hatten und in welcher Reihenfolge es getan werden mußte. Nichts brauchte erklärt zu werden.

Es wurde kein Unterschied gemacht zwischen heiligen und alltäglichen Dingen.

Am frühen Morgen und am Abend waren jeweils fünf Minuten dem Gebet gewidmet. Den Rest des Tages verbrachten sie damit, ihren Glauben zu leben. Ihr Leben war eine Einheit. Alles war heilig – und alles war alltäglich.

Tag für Tag praktizierten sie das, was ihr Glaube von ihnen verlangte. Nie versuchten sie, mich zu überzeugen. Niemals sagten sie: »Unser Weg ist der bessere.« Nicht Worte, sondern Taten zählten. Ihr Glaube spiegelte sich in ihrer Lebensweise.

Alle schöpften aus demselben Text, aus der Bibel. Die Geschichten, die sie erzählten, sagten ihnen, wer sie waren, es waren dieselben Themen, die sich immer wiederholten. Die Bibel sagte ihnen nicht nur, wer sie waren, sondern erklärte ihnen auch die Welt und ihre Rolle in ihr. In jedem Haushalt sah ich ein Exemplar von dem *Buch der Märtyrer,* das sie daran erinnerte, welche Opfer ihre Vorfahren für ihren Glauben gebracht haben.

Ihre Tradition enthielt eine Reihe von Verpflichtungen, über die sie sich selbst definierten und über die sie ihren Platz in der Gemeinschaft fanden. Ihre Bräuche boten ihnen einen Kontext für ihre Moralvorstellungen und bestimmten, wie ein guter Mensch zu sein hatte. All das definierte das moralische Verhältnis der Menschen untereinander, ein wesentlicher Bestandteil ihrer Lebensweise.

Es bereitete mir Freude, hier und da einzuspringen und mich nützlich zu machen, doch ich hatte nicht gelernt, gelassen zu sein und im Familienleben aufzugehen. Ich wollte ein Kunstwerk schaffen, etwas, das einzig und allein mein Werk war. Ich beschloß, mit den amischen Quadraten zu arbeiten, aber dafür brauchte ich Baumwoll-stoff, und um mich herum sah ich nichts als Poly-ester. Für eine amische Mutter mit zwölf Kindern war Polyester ein Gottesgeschenk. Es ersparte ihr das Bügeln. Die Frauen schüttelten den Kopf, wenn sie mich in meiner zerknitterten Leinen-kleidung sahen. Sie hielten mich für altmodisch. Wahrscheinlich hielten sie es auch für ziemlich dumm von mir, mich für Baumwolle zu entschei-den, doch so etwas würden sie niemals laut aus-sprechen.

Ich erkundigte mich bei mehreren Nachbarn, ob sie irgendwelche alten Kleidungsstücke hät-ten, die ich für ein Projekt benutzen könnte. Aber sie kannten mich noch nicht gut genug oder vertrauten mir noch nicht und sagten nein. Selbst Miriam sagte nein. Ich beschloß, zu Fuß in eine kleine Stadt zu gehen, die zehn Meilen weit entfernt lag, und Zook's Department Store auf-zusuchen, der berühmt war für seine große Aus-wahl an unifarbenen Baumwollstoffen.

Aus Furcht, in Versuchung zu kommen, zu vie-le Dinge auf einmal erledigen zu wollen, hatte ich mir überlegt, kein Auto zu mieten. Außerdem schien das Gehen eher dem Rhythmus ihres täg-lichen Lebens zu entsprechen.

In Brimfield ging niemand »spazieren«. Sie lachten und fanden es sehr lustig, als ich ihnen erklärte, daß ich gehen wollte, um mir Bewegung zu verschaffen. Bewegung war keine gesonderte Tätigkeit. Sie gingen barfuß, rannten barfuß, wann immer ihre Arbeit es verlangte, und sie bewegten sich kraftvoll und anmutig – sie waren sehr erdverbunden.

Die Amischen starrten mich an, als ich durch ihre Landschaft wanderte. Ich war die »Sonderbare«. Familien, die in ihren Einspännern an mir vorbeifuhren, grüßten mich verhalten, gaben zu erkennen, daß sie mich flüchtig kannten. In einer Welt ohne Telefon wußte doch jeder über jeden Bescheid. Inzwischen hatte es sich herumgesprochen – die Yoders hatten eine Fremde aus Kalifornien bei sich aufgenommen.

»Bin ich auf dem richtigen Weg?« fragte ich immer wieder. Ich war mir in jeder Hinsicht, buchstäblich und auch im übertragenen Sinne, nicht sicher, wohin ich gehen mußte.

An jenem heißen Sommertag schien der Weg kein Ende zu nehmen. Ich erhielt mehrere Angebote, in einem Einspänner mitzufahren, doch mein Entschluß, zu Fuß zu gehen, stand fest. Zook's Department Store war meine Belohnung. Reihe um Reihe und Ballen um Ballen wunderbare Baumwollstoffe in den herrlichsten Farben. »Kein Problem«, versicherten sie mir, als sie zwanzig Zentimeter von jedem der fünfundzwanzig Ballen abschnitten, die ich ausgesucht hatte. Mit einem Bündel Stoff für zehn Dollar unter dem Arm und einem Stück süßen Kuchen im Bauch machte ich mich auf den Heimweg.

»Ist es in Ordnung, wenn ich auf dem Küchenfußboden arbeite?« Mein Ansinnen erschien mir beinahe unverschämt, denn ich wollte sie nicht bei ihrer Arbeit stören, doch in meinem Zimmer war kein Platz auf dem Boden, und die Beleuchtung war sehr schlecht. Ich erinnere mich, daß Margaret Mead einmal gesagt hat, Anthropologen hätten die Wahl: Entweder sie integrieren sich als Bruder oder Schwester in das familiäre System des Stammes und leben nach seinen Gesetzen, oder sie bleiben außerhalb des Systems und beschränken sich darauf, zu beobachten und Fragen zu stellen. Ich wollte mich integrieren, aber ich wollte auch Fragen stellen. Natürlich war ich nicht als Anthropologin oder Psychologin oder Soziologin gekommen. Eigentlich war ich mir immer noch nicht sicher, warum ich hier war.

»Darf ich dir helfen?« fragte Lydia, als sie sah, wie ich begann, Quadrate von drei mal drei Zentimetern auszuschneiden und sie zu Gruppen von Ninepatches zusammenzulegen.

»Natürlich.«

Ich übernahm das Abmessen und sie das Schneiden. Titus, ihr zwölfjähriger Vetter, der herübergekommen war, um Eli bei der Arbeit zu helfen, fragte schüchtern, ob er auch mitmachen dürfe. »Natürlich.«

Wenn ich etwas entwerfe, gehe ich ganz systematisch vor. Ich habe sehr genaue Vorstellungen, und es interessiert mich nicht, ob anderen meine Ideen gefallen. Doch als wir nun zu dritt arbeiteten, fragte ich Lydia und Titus, ob sie Lust hätten, das Muster zu entwerfen. Das klingt eigentlich ziemlich einfach, aber anderen die Führungsrolle zu überlassen war für mich ein großer Schritt. »Du mußt nicht immer alles unter Kontrolle haben«, sagte ich mir, um mich zu beruhigen.

Lydia und Titus ließen sich nicht lange bitten und begannen, Farben auszusuchen. Sie arbeiteten jeder für sich, schoben die Quadrate herum und legten sie immer wieder anders zusammen. Was dabei herauskam, war eine Reihe bemerkenswert origineller Farbzusammenstellungen, lauter Variationen des Ninepatch-Schemas. Lydia hatte ein besonders gutes Auge. Wo hatte sie das nur gelernt?

»Vielleicht habe ich noch ein paar alte Kleider«, sagte Miriam, nachdem sie unserem aufgeregten Treiben eine Weile zugeschaut hatte. »Ich kann sie sowieso für nichts anderes mehr gebrauchen, also können wir sie auch zerschneiden, wenn Sie wollen.« Es freute mich, daß sie

»wir« gesagt hatte. Ihr Mißtrauen war verschwunden, und sie kehrte mit einem Bündel alter, sehr zerschlissener Kleider zurück. Ich hatte einen unausgesprochenen Test bestanden, und nun konnten ihre alten Kleider, ein Teil ihrer Geschichte, zusammen mit meinen neuen Stoffflicken verarbeitet werden.

Emma sah uns zu. Es machte ihr Freude zu sehen, wieviel Spaß die Kinder hatten, und vor allem gefiel ihr meine Anerkennung für Lydias neuentdecktes Talent. »Ich könnte sie für Sie auf meiner Maschine zusammennähen«, sagte sie zögernd. Sie besaß eine altmodische Nähmaschine mit Pedalantrieb.

Mir war es immer so vorgekommen, als ob die Flicken durch das Zusammennähen eingeengt und begrenzt würden, aber ich wollte sie nicht bremsen. In diesem Augenblick war mir Emmas Wunsch, sich an dem Projekt zu beteiligen, wichtiger als meine künstlerischen Vorurteile. Sie nähte die Flicken zusammen und freute sich darüber, wie die Ninepatches Formen annahmen.

Als nächstes bot Miriam ihre Hilfe an. Es mußten Entscheidungen getroffen werden bezüglich der Größe und der Proportionen und welche Umrandung zu dem inneren Muster paßte. Die Amischen bringen den Alten großen Respekt entgegen, und Miriam als dem ältesten Mitglied unseres Teams fiel eindeutig die Rolle der Anführerin zu. Sie kannte die Regeln – und die Regeln mußten eingehalten werden. »Ich werde es auf einen Rahmen spannen und quilten«, sagte sie.

Unsere Zusammenarbeit gedieh immer besser.

Bis zum Mittag hatten wir die makellos saubere Küche in ein Schlachtfeld verwandelt. Ich konnte es kaum glauben. Ich hatte ihren blitzsauberen, ordentlichen Haushalt in einen Zirkus verwandelt. Was wäre, wenn Eli zum Mittagessen nach Hause käme und das sähe? Die schüchterne Emma versicherte mir, es würde schon in Ordnung sein.

Wir hatten die Rollen getauscht. Im Augenblick führte ich mich eher wie eine amische Hausfrau auf als Emma, machte mir Sorgen, was mein »Mann« sagen würde, und wollte lieber nicht riskieren, es herauszufinden. Ich sammelte die zahllosen Flicken zusammen, die wir ausgeschnitten hatten, und trug sie nach oben in mein Zimmer, bevor Eli nach Hause kam.

Die Amischen wollen nicht, daß man sie fotografiert, aber wir hatten ein »Foto« produziert, das ausdrucksvoller war, als eine Kamera es hätte schießen können. Dieser fünfzig mal sechzig Zentimeter große Quilt, »Lydia's Square«, hängt als Erinnerungsstück an jenen glücklichen Tag immer noch in meinem Studio.

❌

Obwohl die Yoders Freude an ihrem einfachen Leben hatten, gab es auch Gelegenheiten, wo sie im Überfluß schwelgten.

Eines Abends, als ich von einem Quiltzirkel zurückkehrte – wo zwölf Frauen im Alter von zweiundzwanzig bis fünfundachtzig um einen großen Quiltrahmen gesessen und gemeinsam genäht, geplaudert und gescherzt hatten – saßen sieben Frauen um Emmas Küchentisch. Sie feierten eine Party, und Emma hatte ihre Plastikteller, zwanzig Stück mit je fünf Vertiefungen, auf den Tisch gestellt. Meine Aufgabe war es, enorme Mengen von Popcorn, Brezeln, Kuchen, Eis und Sirup auf die Teller zu häufen. »Sue, Sie machen die Portionen so klein«, schalt mich eine Frau, obschon die Teller randvoll waren. Eine Portion Eis bestand aus fünf Kugeln, und viele Gäste verlangten einen Nachschlag.

Die Männer saßen im Wohnzimmer mit ihren

Freunden aus der Gemeinde. Die jüngeren Kinder tollten draußen herum, während die Teenager neben der Scheune beieinander standen und sich miteinander unterhielten. Als alle mit dem Essen fertig waren, räumten die Frauen den Tisch ab und wuschen das Geschirr ab. Dann versammelten sich alle, alt und jung, im Wohnzimmer. Sie alle wußten, was sie zu tun hatten, und schlugen ohne Aufforderung ihre Gebetbücher auf und begannen zu singen.

Es ertönten herrliche, kernige Loblieder, die vierstimmig im Kanon gesungen wurden. Die Klänge erfüllten das ganze Haus. Die Yoders hatten ihren Tag mit einem Bittgebet für das Land begonnen, hatten hart gearbeitet, und nun waren gute Freunde und Familienmitglieder zusammengekommen, um den Tag mit Gesang zu beenden.

Die Yoders waren keine armen Leute, aber die Art, wie sie sich ernährten, war fürchterlich: Es war die Vorliebe schweizerisch-deutscher Bauern für Klöße, Butter und Sahne, Marmelade und gezuckerte Süßspeisen. Draußen im Garten wuchs frisches Gemüse. Ich sehnte mich nach einem gemischten Salat, bekam jedoch nichts als Weißbrotsandwiches mit einem Blatt grünen Salat und Mayonnaise zu essen. Es kam mir so vor, als sagten sie ständig: »Reich mir das Fett, reich mir die Kohlehydrate.« Jeden Tag ernteten wir süße, frische Erdbeeren, doch bis sie schließlich auf den Tisch kamen, waren sie mit Bergen von Zucker verdorben worden.

Ich war eine Gefangene der Familie Leckermaul. Emma glaubte, ich wolle sie auf den Arm nehmen, als ich ihr erklärte, daß mein Mann und ich ein Jahr lang mit einem Pfund Zucker auskamen. Sie kaufte Zucker in Zehn-Kilo-Säcken, und das mehrmals im Jahr.

Ich wollte ein höflicher Gast sein, aber schließlich konnte ich nicht mehr an mich halten. Ich sprach mit ihnen über Salate. »Sie sind so schlank, Sue, vielleicht sollte ich auch ab und zu Salat essen«, sagte Emma. Ich ging in den Garten, pflückte frischen grünen Salat und zauberte eine Soße dazu. Sie starrten mein Produkt nur an. Später erklärte mir Lydia, sie würden Tomaten niemals »roh« essen – sie ziehen die Haut ab –, und grüner Salat »pur« kam ihnen wirklich allzu seltsam vor.

»Die Damen machen einen Ausflug«, verkündete Eli eines Morgens, »und sie möchten, daß Sie mitkommen.« Sie hatten bereits alles arrangiert: Frieda, eine Mennonitin, würde uns in ihrem Auto mitnehmen. Auch wenn es den Amischen nicht gestattet war, ein Auto zu besitzen oder sich ans Steuer zu setzen, freuten die Frauen sich sehr über diese Spritztour. Ich fragte mich, ob sie wohl enttäuscht darüber waren, daß ich nicht mit einem Auto gekommen war. Eli sagte, sie hätten nichts gegen das Telefonieren, doch Besitz könne sie in Versuchung führen, und sie wollten sich nicht von der Außenwelt abhängig machen.

Die Frauen hatten verschiedene Besorgungen zu machen: Zuerst ging es in einen Bekleidungsladen, der berühmt war für die hohe Qualität seiner Ware, und dann in einen Drogeriemarkt, wo teure Vitaminpräparate angeboten wurden. Verblüfft sah ich, wie sie Deodorant, Mundwasser, Aloe-Vera-Hautlotion kauften – lauter Dinge, die ich als unwichtig betrachtete. Lydia wünschte sich eine besonders häßliche Plastikpuppe.

In ihrer Welt waren sie in der Lage, eine gute Wahl zu treffen, doch wenn sie mit der verwirrenden Vielfalt an Angeboten in der Außenwelt konfrontiert wurden, zeigten sie häufig ein törichtes Konsumverhalten. Bis zu den 1850er Jahren, als sie noch völlig isoliert und spartanisch gelebt hatten, waren ihre Wohnungen karg, aber hübsch eingerichtet gewesen. Unter dem Einfluß des heutigen Überflusses dagegen gab es nicht wenige Häuser, in denen kitschiges Porzellan stolz in offenen Schränken zur Schau gestellt wurde.

Den Höhepunkt unseres Ausflugs bildete ein Besuch im »Essenhaus«, wo sie alle von früheren Gelegenheiten die Speisekarte kannten und ihre Lieblingsgerichte hatten: Eine Frau bestellte gebratenen Maisgrieß mit Sirup, eine andere je ein Stück Apple-, Boysenberry- und Cherrypie. Ich nahm einen Kloß mit Soße. Dann fuhr Frieda uns nach Hause, und jede von uns gab ihr vier Dollar für die »Spritztour«.

An jenem Abend verkündete Eli: »Heute abend fahren wir zu einer Viehauktion.« Diesmal war er an der Reihe, einen Ausflug zu machen. Die Amischen liebten Auktionen. Gebrauchte Haushaltsgüter, Landmaschinen oder Tiere entsprachen ihrer praktischen Natur. Nach einem langen, harten Arbeitstag war eine Auktion eine Gelegenheit, Freunde zu treffen und sich über die neuesten Viehpreise zu informieren. Eli überlegte, ob er Otto, sein jüngstes Pferd, verkaufen sollte. Otto war ein störrisches Tier, und das konnte im Straßenverkehr gefährlich werden.

Es war meine erste Fahrt in einem Einspänner. Lydia und ich kauerten auf dem Rücksitz mit einer Decke über den Knien, während Emma und Eli vorne saßen. Es war eine gemütliche Fahrt, es wurde nicht gerast, um andere Buggys zu überholen oder eine Ampel noch bei Grün zu erwischen. Anstelle einer Uhr hatte Eli einen Kalender auf seinem Armaturenbrett. Die Stunde, die wir brauchten, um die fünf Meilen zurückzulegen, ließ uns genug Zeit, um die Landschaft zu genießen, und trotzdem trafen wir rechtzeitig ein.

Kaum waren wir angekommen, gesellte sich Eli zu einer Gruppe von Männern, die sich lebhaft miteinander unterhielten. Emma wirkte ratlos. »Sollen wir zu den Männern hinübergehen?« schlug ich vor.

»Oh, nein, das geht nicht«, erwiderte Emma entgeistert. »Das wäre nicht schicklich.«

»Warum ist es nicht schicklich?«

»Einer der Männer ist mein Vetter, aber die anderen kenne ich nicht«, sagte Emma. Es hatte keinen Zweck, mit ihr zu argumentieren. Wir spazierten zu zweit herum, hier und da nickte Emma einer Frau zu.

Während der Auktion ließen Eli und sein Nachbar Ervin es sich nicht nehmen, mich, die ignorante Städterin, über die verschiedenen Rindersorten aufzuklären, die hier verkauft wurden, mir beizubringen, worauf ich achten mußte und warum einige Tiere höhere Preise erzielten als andere. Es machte mir großen Spaß, mit den beiden zusammenzusein, auch wenn ich das Gefühl hatte, mich Emma gegenüber illoyal zu verhalten.

Die Heimfahrt im Einspänner durch die von

tausend Glühwürmchen erleuchtete Nacht war einfach bezaubernd.

Eli unterbrach meine Träumereien. »Haben Sie schon gehört, daß unser Nachbar Kenny Buchholtzer letzte Woche auf dieser Straße von einem zu schnell fahrenden Auto angefahren wurde?«

In der Gemeinde der Amischen wurde Dr. Spocks Lehrbuch für die junge Mutter nicht gebraucht. »Wenn ein Baby schreit«, sagte Emma, »dann gibt es immer einen guten Grund dafür.« Wenn ich die Wahl gehabt hätte, hätte ich mir gewünscht, die ersten zwei Jahre meines Lebens in einem Amischhaushalt zu verbringen, zwei glückliche Jahre, in denen die Kinder vollkommen akzeptiert, geliebt und als absolut unschuldig betrachtet werden.

»Ist es nicht sehr hart für die Kinder, wenn sie nach zwei Jahren, in denen sie so liebevoll umsorgt wurden, plötzlich umgewöhnt werden?« fragte ich Eli, als ich erfuhr, daß die Kinder ab dem zweiten Geburtstag zu Gehorsam und Anpassung erzogen werden.

»Unsere Tradition ist gerecht und konsequent«, erwiderte Eli. »Mit zwei Jahren sind Kinder alt genug, um zu lernen. Wir glauben nicht, daß manche Kinder unschuldig und andere als Sünder geboren werden. Ein Mensch kann nur sündigen, wenn er zwischen Gut und Böse zu unterscheiden gelernt hat, und da ein Baby das nicht kann, kann es auch nicht sündigen. Alle Kinder werden ohne ihre eigene Schuld mit der Sünde geboren, und alle Kinder kann man dazu erziehen, den rechten Weg zu gehen.«

Kleine Kinder werden in alle Bereiche des Familienlebens integriert. Sobald sie groß genug sind, werden ihnen kleine Pflichten übertragen, und sie lernen schnell, daß sie in der Familie eine wichtige Rolle spielen. Alle beteiligen sich an der Erziehung und lehren die Kinder Respekt vor den Werten der Gemeinde.

Schon sehr früh wird den Kindern der Wert der Arbeit beigebracht – sie lernen, daß Arbeit Freude macht, daß sie wichtig ist und Respekt verdient. Die Amischen sehen den Sinn in der Arbeit selbst. Niemals betrachten sie die Arbeit als ein Sprungbrett zu persönlichem Erfolg oder Fortkommen, sondern betrachten sie als eine Herausforderung, bei allem, was man tut, sein Bestes zu geben.

Bisher hatte ich es für normal gehalten, daß Geschwister miteinander rivalisieren, doch als ich die Kinder mit ihren jüngeren Brüdern und Schwestern spielen sah und nach Anzeichen für Eifersucht und Konkurrenz Ausschau hielt, konnte ich nichts dergleichen entdecken. Sie waren keine Engel, aber es machte ihnen Spaß, auf die Jüngeren aufzupassen.

Die Amischen gehen nur acht Jahre und nicht länger zur Schule, weil sie fürchten, zu viel Bildung könnte die Menschen vom Pfad der Demut abbringen und sie dazu verleiten, sich selbst zu wichtig zu nehmen. Und doch beherrschen alle, denen ich begegnete, zwei Sprachen, zwischen denen sie mühelos hin- und herwechselten, und verstanden eine Form des Hochdeutschen, das in den sonntäglichen Gottesdiensten gebraucht wurde, während ich mit meinen zwei akademischen Titeln in jedem Land, das ich je bereist hatte, zur Sprachlosigkeit verdammt war.

»Wieso ist das Land der Amischen so schön?«
fragte ich eines Abends. »Woher kommt seine
besondere Ausstrahlung? Ich bin eine Städterin,
Eli, und ich habe meine erste Kuh gesehen, als
ich zwölf war. Ich weiß nicht, wo die Sonne un-
tergeht oder wie man feststellt, aus welcher Richtung der Wind weht, noch kann ich eine Getrei-
desorte von der anderen unterscheiden. Aber ich
habe Augen, und ich vertraue meinem Herzen.
Dieses Land wird geliebt.«

»Das Land gehört Gott«, sagte Eli. »Es ist meine Aufgabe und die Aufgabe aller Amischen, es
für Ihn zu pflegen. Wir dürfen nicht versuchen,
die Natur zu verändern oder sie zu erobern oder
das Land auszubeuten. Das wäre ein Verstoß gegen Gottes Willen.«

Wenn Eli über das Land sprach, war er glücklich.

Ich sah ihn hart arbeiten, und ich sah die herr-
lichen Früchte seiner Arbeit. Bedeutete dies
nicht auch eine Veränderung der Natur? Eli
meinte, er könne mir nicht sagen, wie »englische« Farmer arbeiteten, aber er könne mir etwas darüber erzählen, wie er mit dem Land um-
ging.

»Indem ich das Land bearbeite, Tag für Tag,
bin ich Gott nah. Wir müssen sein Land ehren«,

sagte Eli, und er fühlte sich Gott nah, wenn er arbeitete. Während ich ihm zuhörte, sah ich das Land wie etwas Lebendiges vor mir. Ich spürte, wie sein Verhältnis zu Gott und dem Land tagtäglich in zahllosen verschiedenen Tätigkeiten zum Ausdruck kam.

Die Amischen gehen mit dem Land einen lebenslangen Bund ein, und ihr Glaube bestimmt sogar ihre Anbaumethoden. Über die Jahre haben sie gelernt, daß man mit viel Geduld und Ausdauer trockenen, spröden Boden in fruchtbares Farmland verwandeln kann. Sie haben innovative Methoden entwickelt, Gottes Land ohne die Hilfe von Landmaschinen zu verbessern: durch den Fruchtwechsel, den Einsatz natürlicher Düngemittel, mit Hilfe von Bewässerungsgräben und durch das Anpflanzen von Alfalfa und Klee wird das Land revitalisiert.

Die meisten Amischfarmer besitzen weniger als hundert Morgen Land, eine Größe, die es erlaubt, das Land anstatt mit Maschinen mit Pferden zu bearbeiten, und die Nachbarn helfen sich gegenseitig bei der Arbeit. Auf diese Weise bleiben die Gemeinden klein und überschaubar. »Bruderliebe« wird zu einem wirtschaftlichen Faktor.

Es ist ihnen wichtig, etwas zum Wachsen zu bringen und sinnvolle Arbeit zu leisten. Ich könnte nicht genau erklären, was anders war, aber ich spürte den Unterschied. Sie arbeiten, um zu arbeiten. Sie leisten ihre Arbeit nicht, »um etwas anderes tun zu können« – etwa um am Wochenende frei zu haben, in ein Restaurant zu gehen oder für einen Urlaub oder die Rente zu sparen. Sie erwarten keine Erfüllung von jenem vagen »Etwas da draußen«, sondern von der Bewältigung ihrer täglichen Arbeit.

Die Amischen bemühen sich, ökologisch so zu wirtschaften, daß sie keinen Abfall produzieren; das Land gibt ihnen Nahrung für ihre Familie und ihre Tiere, und die Familienmitglieder und die Tiere tun die Arbeit. »Dung ist unser wichtigstes Produkt«, scherzte Eli. »Und Traktoren produzieren keinen Dung!« Ein Pferd reproduziert sich selbst, erklärte er, aber ein Traktor produziert nur Schulden.

✖

Das Leben der Amischen wird von den Jahreszeiten bestimmt. Geheiratet wird im November und Dezember, wenn die Ernte eingebracht ist. Während das Land ruht, sitzen die Frauen zusammen und quilten und nähen und warten auf den Frühling, wenn das Land wieder erwacht.

Die natürliche Ordnung, die das Leben der Amischen durchdrang, ließ mich innerlich ruhig werden. Die Ordnung, die mir an ihren Wäscheleinen aufgefallen war, symbolisierte die Ordnung des Lebens. Der schwarze Einspänner gehörte zu derselben Welt wie das einfache weiße Haus mit den schwarzen Fensterrahmen.

Weil sie sich so anders kleideten als ich, verblüffte es mich immer wieder, wie ähnlich sie alle aussahen. Und doch konnten sie sofort erkennen, welchen Platz jemand in ihrer Gesellschaftsordnung einnahm. Dutzende verschiedener Größen und Breiten der Krempen an den Hüten der Männer verrieten das Alter und den Familienstand des Trägers. Ob ein Mann einen oder zwei Hosenträger trug und ob die Hosenträger über Kreuz getragen wurden, ließ erkennen, welcher Gemeinde er angehörte. Die Männer rasierten sich, bis sie heirateten, dann ließen sie sich einen Bart wachsen. Mädchen ab zwölf trugen bis zu ihrer Hochzeit schwarze Hauben zu ihren Sonntagskleidern und weiße im Haus.

Feine, kunstvolle Stickereien an den Manschetten von ansonsten schmucklosen Blusenärmeln deuteten an, daß ein heranwachsendes Mädchen sich auf die Taufe vorbereitete. Zu dieser Phase gehört auch, daß sie sich mit anderen Jugendlichen sonntags zur »Singstunde« trifft – der Ort, an dem die Brautwerbung beginnt.

Sie wußten, wo sie hingehörten, und auf hundert verschiedene Weisen zeigten sie einander, wer sie waren und wo sie ihren Platz in der Welt hatten.

✖

Sonntags wurde nicht gearbeitet. Überall hingen Schilder mit der Aufschrift: *Kein Verkauf am Sonntag.* Alles stand still. Die Luft schien anders zu schwingen, alles verharrte in stiller Erregung. Emma lief im Haus herum, um danach zu sehen, daß jeder richtig angezogen war. Sie überprüfte die feinen Falten an Lydias Sonntagshaube und zupfte ihre Schürze und ihr Halstuch zurecht. Schließlich, nach all der Geschäftigkeit, erschienen sie wie verwandelt in ihrem strahlenden Sonntagsstaat.

Eli hatte seinen Arbeitsoverall gegen einen wunderbar geschnittenen Anzug aus teurem grauem Wollstoff eingetauscht. Er wirkte würdevoll und elegant, eher wie ein Herr, der gerade von seinem Schneider kommt, als ein hart arbeitender Amischfarmer.

»Wie kam es dazu, daß Sie Prediger geworden sind?« fragte ich Eli. »Ach, das war Zufall«, sagte er achselzuckend. »Das Los ist auf mich gefallen.« Er beschrieb mir das Verfahren. Alle erwachsenen Mitglieder der Gemeinde, Männer und Frauen, versammelten sich im Haus eines der Ihren, wo sie einer nach dem anderen an einer offenen Tür oder an einem offenen Fenster vorbeigingen und dem Diakon, der auf der anderen Seite saß, den Namen von jemandem zuflüsterten, den sie für einen geeigneten Kandidaten hielten.

Wer für die Aufgabe in Frage kam, mußte zwei Voraussetzungen erfüllen. Er mußte verheiratet und ein guter Farmer sein. Ich brauchte nicht erst zu fragen, ob auch Frauen Prediger werden konnten.

Der Diakon notierte die Namen derer, die zweimal, in manchen Gemeinden dreimal, genannt wurden. Waren fünf Kandidaten ausgewählt worden, wurden fünf Gesangbücher auf den Tisch gelegt. In einem der Bücher versteckte der Diakon ein Blatt Papier, und derjenige, der das Buch mit dem Zettel aufnahm, war der neue Prediger. »Das Los entscheidet«, sagte Eli. »Auf diese Weise ist es die Wahl Gottes.«

Dieses Verfahren ließ keinen Raum für Wichtigtuerei. Der neugewählte Prediger übernahm eine große Verantwortung, aber anstatt ihm zu gratulieren, äußerten die meisten ihrer Freunde Bedauern für Eli und auch für Emma.

»Warum halten Sie die Gottesdienste in Ihren Häusern ab?« fragte ich.

»Wir gehören zu den Amischen der alten Ordnung, und wir gestalten unser Leben möglichst schlicht und einfach«, erwiderte Eli. Ihre Häuser hatten breite Türen und verschiebbare Wände, so daß der Gottesdienst abwechselnd bei den verschiedenen Gemeindemitgliedern stattfinden konnte. Jeden Sonntag bringen sie auf einem Wagen, der extra zu diesem Zweck gebaut wurde, lange Sitzbänke in das jeweilige Haus.

»Wie viele Mitglieder hat Ihre Gemeinde?«

»Ungefähr zwanzig bis dreißig Familien. So viele Leute passen in ein Haus, und es ist eine überschaubare Menge, die es erlaubt, daß jeder jeden mit Namen kennt. Das ist uns sehr wichtig.« Eli sprach von Familien, nicht von Einzelpersonen. Als ich ihn fragte, wie viele Personen das seien, schien er über meine Frage verblüfft zu sein und mußte mehrere Minuten lang nachdenken, bevor er mir eine Antwort geben konnte. Ich, die ich in einer *Sieh-mich-an-Welt lebte,* hatte ebensoviel Mühe, in Gruppenbegriffen zu denken, wie es Eli schwerfiel, die Welt als von Individuen bevölkert zu begreifen. »Das sind etwa zweihundert Personen«, sagte er schließlich.

»Warum werden die Menschen bei Ihnen erst als junge Erwachsene getauft?« wollte ich wissen.

»Das gibt den Menschen Zeit, über eine so wichtige Entscheidung nachzudenken, eine Entscheidung, die sich auf das ganze Leben auswirkt.«

Es war ein Initiationsritus, ein Übergangsritus. Wenn ein junger Mensch sich entschloß, sich taufen zu lassen, änderte sich alles in seinem Leben.

Wie um die Bedeutung dieser Entscheidung noch zu unterstreichen, wurden den Teenagern große Freiheiten gewährt. Ich hörte, daß viele junge Burschen über die Stränge schlugen – sie tranken, rauchten, kauften sich sogar Autos, was ihrer strengen Erziehung zuwiderzulaufen schien. Auch die Mädchen hatten in diesem Alter mehr Freiheit, aber vor allem die Jungs konnten sich »herumtreiben«, wie sie es nannten, und sich den Versuchungen der Außenwelt stellen. Die besorgten Eltern wandten sich ab und hofften, daß die Saat der Familien- und Gruppenloyalität, die sie in die Herzen ihrer Kinder gepflanzt hatten, aufgehen würde, wenn sie nur genug Geduld hatten.

In dieser Zeit mußten die Jugendlichen ihre Entscheidung treffen. Das war der Zweck der Übung. Sie sollten sich bewußt entscheiden. Ein erwachsenes Mitglied der Gemeinde zu werden hieß: »Handle verantwortungsbewußt.« Das war der Zeitpunkt, an dem Ida und Sadie, die beiden jungen Verkäuferinnen in Brimfield, ihre leuchtend blauen Laufschuhe, die mit den Blitzen an den Seiten, gegen schwarze Lederschuhe würden eintauschen müssen.

Wann war ich erwachsen geworden? Schwer zu sagen.

Ich hätte einwenden können, daß die strenge Erziehung der Kinder dazu diente, sie zu indoktrinieren und unter Druck zu setzen, damit sie im entscheidenden Moment die richtige Entscheidung trafen. In fast jeder Familie gab es jemanden, der die Gemeinde verlassen und sich einer liberaleren Glaubensgemeinschaft angeschlossen hatte, die ihm weniger Restriktionen auferlegte. Doch trotz dieser Verluste – etwa zwanzig Prozent verlassen die Gemeinde – wächst die Zahl derjenigen, die sich entscheiden zu bleiben, und die Glaubensgemeinschaft der Amischen der alten Ordnung wächst beständig.

Ich war zugleich erleichtert und enttäuscht, als man mich nicht einlud, am Gottesdienst teilzunehmen – ich blieb allein im Haus zurück. »Der Sonntag ist der einzige Tag in der Woche, an dem wir unsere Türen abschließen«, rief Eli mir zu, als sie in ihren Einspänner stiegen und mir zum Abschied zuwinkten.

Ich war geneigt, ihr gemeinschaftliches Miteinander in einem romantischen Licht zu sehen. Das Leben der Amischen war von Bindungen bestimmt, während in meinem Leben Bindungen nichts galten.

Ich dachte über das Schicksal derjenigen nach, welche die Regeln der Gemeinde brachen. Wie war es möglich, daß diese freundlichen, sanften Leute, die mir ans Herz gewachsen waren, den Bann über jemanden aussprechen – einen Menschen von jeglichem sozialen Kontakt ausschließen konnten?

Ich habe nie direkt miterlebt, wie jemand mit dem Bann belegt wurde, und nie jemanden darüber sprechen hören. War es ein Familiengeheimnis, ein Geheimnis der Gemeinde? War es etwas, das sie als selbstverständlich hinnahmen und über das sie nicht nachzudenken brauchten?

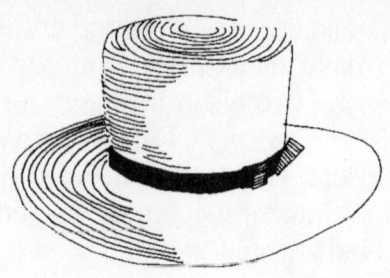

Mir fehlte der Mut, sie auf das Thema anzusprechen, denn ich fürchtete, sie würden das Entsetzen spüren, das mich bei der Vorstellung packte.

Was mich vor allem irritierte, war die Tatsache, daß der oder die Beschuldigte nicht das Recht hatte, sich gegen die Vorwürfe zu verteidigen. Wenn sie sich »schuldig bekannten« und versprachen, sich zu ändern, konnten sie auf Gnade hoffen und wieder in die Gemeinschaft aufgenommen werden. Ansonsten hatten sie die Wahl, entweder als Ausgestoßene in der Gemeinde zu bleiben oder fortzuziehen. Die Kunde über ihre Vergehen folgt ihnen zu jeder anderen Amischgruppe, so daß sie kaum hoffen können, dort aufgenommen zu werden.

Für mich hieß es immer noch alles oder nichts. Wenn man die Regeln befolgte, war man im enggeknüpften sozialen Netz der Gemeinde aufgehoben. Brach man die Regeln, lebte man »zu

Hause auf Eis und in der Gemeinde in heißem Wasser«. Hätte ich mit Eli über die Praxis des Banns diskutieren können, hätte er mir vielleicht gesagt: »Es gibt bestimmte Grundsätze, die respektiert werden müssen. Derjenige, dem seine Gemeinde etwas bedeutet, fühlt sich verpflichtet, ihre Regeln einzuhalten. Wenn das nicht so wäre, würden wir mit der Zeit verschwinden oder uns einfach mit der Welt der Englischen um uns herum verschmelzen.« Er würde es als ein Vergehen betrachten, wenn er seinen Prinzipien untreu würde.

✖

Eli weigerte sich, einen Blitzableiter an Haus und Scheune anzubringen, um sie vor Unheil zu bewahren. »Sie verrichten harte Arbeit, warum wollen Sie sich nicht schützen?«

»Das würde bedeuten, daß ich mich in Gottes Pläne einmische«, sagte er, offenbar verwundert darüber, daß ich so viel Aufhebens machte. Als er mir auch noch erklärte, daß er weder eine Sach- noch eine Lebensversicherung besaß, machte ich mir ernstlich Sorgen.

»Was passiert, wenn Sie von einem Unheil heimgesucht werden?«

»Dann werden mir alle zu Hilfe eilen«, erwiderte er lächelnd, als sei es das Selbstverständlichste auf der Welt. Ich muß ihn eigenartig angesehen haben, denn er fügte hinzu: »Sie scheinen sich solche Sorgen zu machen. Es ist wirklich nichts Besonderes – wir helfen uns einfach gegenseitig. Es ist wirklich nichts dabei.«

Ein paar Tage zuvor hatte Miriam fast das gleiche gesagt. Amos, Emmas vierzehnjähriger Neffe, der von einem Auto angefahren worden war, lag in einem Krankenhaus in Chicago. Wenn Amos' Mutter ihn dort besuchte, kümmerte Emma sich um ihren Haushalt, während Eli bei der Feldarbeit half. Als ich Miriam erklärte, das sei sehr großzügig, wirkte sie überrascht. »Ach, nein, es ist nichts. So sind wir eben«, sagte sie.

Sich um andere Gemeindemitglieder zu kümmern war etwas Selbstverständliches. Geistig zurückgebliebene oder kranke Menschen wurden nicht nur umsorgt, sondern man betrachtete sie als ein Geschenk Gottes, denn sie gaben einem die Gelegenheit, tätige Nächstenliebe zu üben.

Ich wußte, daß die Amischen sich weigerten, Sozialversicherungs- und Krankenkassenbeiträge zu zahlen, weil sie befürchteten, sich dadurch von der Außenwelt abhängig zu machen. Wie konnte Amos' Familie dann die horrenden Krankenhauskosten aufbringen? »Oh. Die Amish Aid Society kommt dafür auf. Wir kümmern uns um die Unsrigen«, erklärte Miriam.

»Wie kommt das Geld zusammen?«

»Jeder gibt so viel er kann.«

Diese Nachbarn und Freunde erfreuten sich einer Sicherheit, die mir fehlte. Im Krankheitsfall, wenn sie einen Unfall haben, finanzielle Verluste hinnehmen müssen oder von einer Naturkatastrophe heimgesucht werden, wissen sie, daß sie Unterstützung finden. Miriam, achtundsiebzig Jahre alt und Großmutter von dreiundsechzig Enkeln, ging davon aus, daß ihre Kinder sich um sie kümmern würden, wenn sie älter wurde, etwas anderes konnte sie sich kaum vorstellen.

Die Versicherung der Amischen hieß Bruderliebe.

Wer ist reicher? fragte ich mich. Wie reich und bunt mein Leben in einigen Bereichen doch war, und wie arm und beziehungslos in anderen. »Was halten Sie davon, wenn wir unsere Haushaltsgeräte gemeinsam benutzen?« hatte ich einer freundlichen Nachbarin vorgeschlagen, als ich in mein Haus in Berkeley eingezogen war. Sie fand die Idee großartig, und zwei Jahre lang lieh ich mir ihren Staubsauger, während sie zwei Jahre lang nichts von mir borgte. Im dritten Jahr kaufte ich mir selbst einen Staubsauger.

Ganz im Einklang mit der Bescheidenheit, die ihr Leben bestimmte, zimmerten die Familienmitglieder einen einfachen Fichtenholzsarg, wenn jemand starb. Die Farbe Weiß wurde nie in Quilts benutzt, sondern war Begräbnissen vorbehalten. Bei der Trauerfeier hielt der Prediger eine kurze Lobrede auf den Verstorbenen, in der Respekt für die Person zum Ausdruck gebracht wurde, ohne daß man ihn übertrieben pries.

Um mich für ihre Gastfreundlichkeit erkenntlich zu zeigen, lud ich die Yoders in ein Restaurant ein. »Nein, das ist nicht nötig«, erklärten sie, willigten jedoch schließlich ein und freuten sich auf ein neues Abenteuer. Ich fragte sie, ob sie Lust hätten, etwas ihnen gänzlich Unbekanntes zu probieren – chinesisch, italienisch, mexikanisch? Eifrig diskutierten sie die verschiedenen Möglichkeiten. Sie konnten zwar nicht nach dem Telefonhörer greifen und einen Nachbarn anrufen oder im neuesten Restaurantführer nachschlagen, aber sie hatten schließlich ihre Informationen aus dem »Netzwerk«, die uns in den Keller einer mexikanischen Kirche führten.

Frieda und Jacob, ihre mennonitischen Nachbarn, waren eingeladen, mit Emma, Eli, Lydia, Miriam und mir gemeinsam zu feiern. Freudig erregt zwängten wir uns alle in die beiden Autos von Frieda und Jacob.

Alle bestellten das Tagesmenü: Taco, Enchila-

da und Burrito, zusammen für $ 2,35. Glücklich
leerten wir unsere Teller.

Solange es nicht gegen ihre Regeln verstieß,
war diese Familie stets bereit, neue Dinge auszuprobieren. Ich hatte eine ganz bestimmte Rolle in
der Familie; ich fungierte als Informationsquelle
über die Außenwelt. Mehrmals holte Eli einen alten Atlas hervor, und wir suchten auf den Land-
karten die Orte, von denen ich erzählte. In solchen Momenten waren sie genauso neugierig
auf meine Welt der vielen Möglichkeiten wie ich
auf ihre Welt der Einfachheit.

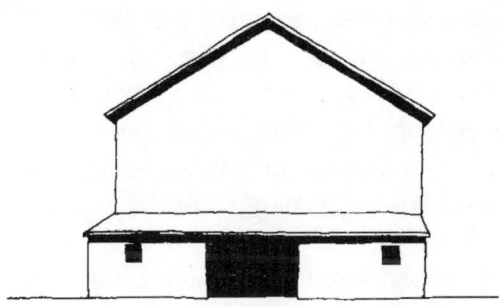

Ich war gekommen, um sie zu studieren, und
sie genossen es, mich zu studieren.

Mir wurde nie wirklich klar, was sie über mich
dachten, aber ich wußte, daß sie mich für reich
hielten. Ich flog mit dem Flugzeug nach Florida,
um meine Eltern zu besuchen, und ich hatte gerade fünf Monate in Italien verbracht. Besonders Eli

interessierte sich sehr für meine Kindheit in New York und mein Leben in Kalifornien. Ich versuchte, ihm zu beschreiben, wie es gewesen war, in einer Wohnung im zehnten Stock eines Hochhauses in New York City aufzuwachsen. Konnte er sich das Leben, das ich führte, vorstellen?

Die erste Frage, die jede Frau mir stellte, lautete: »Haben Sie Kinder? Leben die Kinder bei Ihnen?« Die meisten trauten sich nicht, mehr als diese beiden Fragen zu stellen. Sie hörten sich an, was ich zu sagen hatte, und dachten dann lange darüber nach. Ich konnte Dinge kaufen, und ich konnte reisen. Aber sie besaßen die Dinge, die ihnen viel bedeuteten – die familiäre Nähe, eine Gemeinde, wo jeder umsorgt und alles miteinander geteilt wurde. Als Außenseiterin bot ich ihnen Gelegenheit, ihre Werte auf die Probe zu stellen und sich ihrer erneut zu versichern.

Emma sagte, ich sei ganz anders als ihre englischen Nachbarn, denn ich hatte meinen Mann allein gelassen, um bei fremden Leuten zu leben. Ich war bereit, mich auf neue Abenteuer einzulassen. Als Gerry, der Mann, der mich mit den Yoders zusammengebracht hatte, mich einlud, zusammen mit ihm und zwei Amischmännern einen Rundflug in seinem Heißluftballon zu machen, nahm ich das Angebot an. Ich war die erste Frau, die er jemals mitgenommen hatte, und ich fürchtete mich die ganze Zeit halb zu Tode, aber ich flog mit. Als ich von hoch oben in der Luft die Landschaft mit den grünen Feldern betrachtete, dachte ich, daß Amischmänner ein spannenderes Leben haben mußten als Amischfrauen.

Beneidete Emma mich um meine Freiheit? Hielt sie mich für schamlos, weil ich mich so ungezwungen in Gesellschaft von Männern bewegte? Amüsierte ich mich auf ihre Kosten? Ich habe sie nie irgend etwas Unerwartetes tun sehen. Brachte meine Anwesenheit in ihrem Haus sie dazu, ihre Rolle oder die strengen Regeln, die ihr Leben beherrschten, in Frage zu stellen?

Es war nicht leicht, objektiv zu sein. Es fiel mir schwer, Emmas Stärken anzuerkennen, denn ich war mein Leben lang vor der Häuslichkeit weggelaufen, die das Zentrum ihres Lebens darstellte. So schüchtern, wie sie sich in der Welt bewegte, so sicher war Emma bei sich zu Hause. Das Zuhause war ein geschützter Ort – es war in ähnlicher Weise Gottes Haus, wie Elis Farm Gottes Land war.

Emma hatte klare Vorstellungen davon, wie ihr Leben auszusehen hatte. Es stimmte, daß sie dieses Leben nicht wirklich frei gewählt hatte, und sie stellte es keineswegs in Frage, aber ohne die Notwendigkeit, sich zwischen verschiedenen Möglichkeiten entscheiden zu müssen, verschwendete sie keine Energie darauf, sich ihrem Schicksal zu widersetzen oder es anzuzweifeln. Sie wußte, wo sie als Frau hingehörte. Sie wußte, daß ihre Arbeit wertvoll war.

Ihr Leben war durchdrungen von dem Bewußtsein, daß ihre Rolle innerhalb der Familie für deren Wohlergehen unerläßlich war. Ihre Arbeit wurde geachtet, sie wurde geachtet. Ich habe weder Emma noch irgendeine andere Amischfrau jemals sagen hören, daß sie sich langweilten oder sich einsam fühlten. Sie opferte sich nicht für ihre Familie auf. Sich der Ehe und der Familie zu verschreiben wurde als lohnenswerte Aufgabe betrachtet. All ihre täglichen Verrichtungen waren Ausdruck ihrer Liebe zu ihrer Familie und zu Gott. Die zusätzliche Mühe, die sie darauf verwandte, mit winzigen Stichen Quilts zu nähen, war Ausdruck ihrer Liebe zu derjenigen Person, die den Quilt einmal erhalten würde.

Emma wirkte zufrieden. Darüber habe ich viel nachgedacht. Vielleicht ist ein Mensch dann zufrieden, wenn seine Erwartungen sich mit dem decken, was er erreicht. Emma wirkte zufriedener als die meisten Menschen, die ich kannte und die materiell wesentlich besser gestellt waren.

Bei meinem Streben nach dem Besonderen gab es nur wenig, das meinen Erwartungen gerecht wurde.

Nach der Lehre des Zen-Buddhismus muß ein Mensch lange Jahre hart arbeiten, um das Stadium der Selbstlosigkeit zu erreichen. Bei den

Amischen scheint diese Fähigkeit angeboren zu sein. In dem Bewußtsein, daß sie vor Gott alle gleich waren, und in ihrer tiefen persönlichen Verbundenheit mit Gott waren sie davon überzeugt, daß jeder von ihnen ein notwendiger Teil eines größeren Ganzen war.

Manchmal jedoch empfand ich Emmas demütige Haltung als bedrückend. Ebenso erging es mir mit anderen Amischfrauen. Wenn ich ihnen sagte, daß ich etwas, das sie hergestellt hatten, sehr schön fand, waren sie nicht in der Lage, das Kompliment anzunehmen. Fürchteten sie, es sei ein Zeichen falschen Stolzes? Gönnten sie sich das befriedigende Gefühl, das ich empfinde, wenn ich nach harter Arbeit an einem Projekt am Ende ein gutes Ergebnis vor mir habe?

Eines Abends, kurz vor meiner Abreise, als die Familie zusammensaß und plauderte, fragte Eli mich nach meiner Kunst. Ich zeigte ihm ein paar von den amischen Quadraten, die ich mitgebracht hatte. »Was werden Sie damit machen?« fragten sie verblüfft.

Sie fragten sich, wie jemand auf die Idee kam, neuen Stoff zu kaufen, ihn zu zerreißen, damit er alt wirkte, und sich das Ergebnis an die Wand zu hängen. Das einzige, was die Amischen an ihre Wände hängen, sind Kalender.

Der Begriff der Kunst war ihnen fremd; in ihrer Welt nähte jede Frau Quilts und Puppen für ihre Kinder. Es gab keinen Grund, eine von ihnen hervorzuheben und sie eine Künstlerin zu nennen.

Sie kannten keinen Ehrgeiz. Eine Puppe oder einen Quilt herzustellen war nichts Außergewöhnlicheres als grüne Bohnen einzuwecken oder einen Kuchen zu backen. Einer Amischmutter ging es nicht darum, einer bestimmten Bedeutung Ausdruck zu verleihen, wenn ihre Finger die Puppe mit Stroh ausstopften und aus Stoffresten Kleider für sie nähten. Kein tiefes Bedürfnis nach Selbstverwirklichung floß in die Herstellung einer Puppe. Das Ego der Mutter brauchte nicht mit dem Objekt zu konkurrieren: Die Nützlichkeit des Objekts war von Bedeutung, nicht die Selbstdarstellung seines Schöpfers.

Wenn man etwas Nützliches herstellt, muß es strapazierfähig sein. Die Stärke einer Puppe lag in ihrem Gebrauchswert. Schönheit war ein zufälliges Nebenprodukt.

Als Künstlerin lernte ich so viel von diesen stummen Puppen, die soviel aussagten, und von diesen Menschen, deren Vokabular das Wort »Künstler« nicht enthielt.

Ich betrachtete ihr Leben und erlebte es als Kunst.

Ich versuchte immer noch herauszufinden, woran Emma ihre kreative Energie ausließ. Ich wußte, die Quilts waren es nicht. Wo lebte sie ihre Leidenschaft aus? Wie brachte sie sie zum Ausdruck?

Endlich entdeckte ich es, direkt vor meiner Nase – den Ort, an dem es Emma gestattet war, ihre Leidenschaft auszuleben.

Der Garten einer Amischfrau ist nie unscheinbar. Er liegt gleich vor dem Haus, wo jeder ihn sehen kann. Emmas Garten gehörte zu den eindrucksvollsten, ein Meer von leuchtenden, satten Farben. Er war kein Beispiel für das Prinzip »weniger ist mehr«. Sie brachte Stunden damit zu, ihren Garten zu pflegen. Es wurden keine Blumen gepflückt; sie waren da, um gesehen und bewundert zu werden. Emma, die sich so oft in den Hintergrund zurückzog, ließ ihren Garten für sich sprechen, ließ ihn laut und klar für sie singen.

Es war Miriam, die mich eines Tages beiseite nahm wie ein Kind, das ein Geheimnis nicht für sich behalten kann, und sagte: »Sue, haben Sie gesehen, was meine Tochter gemacht hat?«

Sie hatte in ihrem Salatbeet mit grünem Salat die Buchstaben EMMA geschrieben.

✕

Ich hatte geplant, drei Wochen bei den Amischen zu bleiben, doch als die Zeit zu Ende ging, war ich nicht bereit, mich zu verabschieden. Es wäre gefährlich, zu diesem Zeitpunkt abzureisen, an dem ich mich so glücklich fühlte. Ich würde mit einem unguten Gefühl heimkehren. Mein Geist hatte Nahrung gefunden, und ich war ruhig und konzentriert.

Ich fragte die Yoders, ob ich noch bleiben könne, und sie willigten ein. Ich fürchtete schon, ich könnte nie mehr von hier fort wollen. Einige Wochen später wußte ich, daß es Zeit war abzureisen. Ich erwischte mich dabei, wie ich Listen machte, wie ich meine alte Angewohnheit wieder aufnahm, auf liniertem Papier aus dem Brimfield General Store meine *Zu-erledigen*-Listen zusammenzustellen. Wie lange machte ich das schon? Ich hatte kein Auto, kein Telefon, keinen Druck, Hausarbeit zu erledigen, und doch hatte sich meine alte Geschäftigkeit wieder eingeschlichen. Würde ich es denn nie lernen? Schließlich sagte eine weniger tadelnde Stimme: »Du hast fürs erste soviel aufgenommen, wie du kannst. Es ist Zeit, nach Hause zu fahren.«

Fünftes Kapitel

Heimkehr

Nach meinem Aufenthalt bei den Amischen fuhr ich in unser Sommerhaus auf Long Island. Der Greyhound-Bus brachte mich zurück zu einem Volvo, drei Fernsehern, einem Videorecorder, einem Anrufbeantworter, einem Ofen mit Selbstreinigung und einem Mikrowellenherd.

Ich war voller intensiver Gefühle und Eindrücke von meinem Abenteuer zurückgekehrt. Überall, wo ich hinkam, waren die Leute neugierig. »Erzähl uns von den Amischen«, klang es wie ein griechischer Chor.

Ich konnte nicht sprechen. Ich war stumm und taub. Ich konnte nichts sagen.

Ich hatte etwas gesehen, etwas gefühlt, war Teil von etwas gewesen, das mich tief berührt hatte, doch ich konnte nicht sagen, was es war. Ich konnte überhaupt nichts sagen. Mein Schweigen irritierte die Leute, und es verwirrte mich selbst. Was ich erlebt hatte, war in einer Kiste mit der Aufschrift »Bitte nicht stören« verschlossen, gut verpackt und säuberlich beschriftet mit: »Eine wertvolle Erfahrung«.

»Goldschühchen besucht die Amischen«, eine widerlich süßliche, Rosarote-Brille-Version meines persönlichen Märchens, mit mir als Froschkönigin in der Hauptrolle, die in ihre schwarzweiße Welt zurückgekehrt ist und sich jeder einzelnen Warze und jedes Makels bewußt ist, und mit meinen neuen Freunden, den Amischen, in der Rolle der sanften, gottesfürchtigen, hart arbeitenden, selbstlosen Helden und Heldinnen.

War es meine Loyalität den Amischen gegenüber, die mich zum Schweigen brachte, oder waren es böse Vorahnungen? Was wäre, wenn meine wunderbaren Amischen sich als unvollkommen entpuppten? Wäre es Verrat, wenn ich zu dem Schluß kam, daß auch sie ihre Makel hatten? Vielleicht war ich einfach noch nicht so weit, daß ich meine rosaroten Brillengläser gegen normale eintauschen konnte.

Was wäre, wenn meine Reise nur für mich etwas Besonderes war und für sonst niemanden?

✖

Fünf Tage nachdem ich Brimfield verlassen hatte, war ich zu einer eleganten Dinnerparty in East Hampton, New York, eingeladen. Fünfzehn namhafte Leute waren zu Gast, einer gebildeter als der andere: ein Bestsellerautor, ein renommierter Psychoanalytiker, ein weltbekannter Schauspieler. Da ich unfähig war zu sprechen, tat ich etwas, was ich selten tue: Ich saß still da und hörte zu. Es schockierte mich festzustellen, daß sie all ihre Energie darauf verwandten, ihr Territorium abzustecken, wobei sie das, was sie taten, mit dem, was sie waren, durcheinanderbrachten.

Durch meine Erfahrung geläutert, war ich von meinem hohen Roß herabgestiegen und richtete nun meinen stummen Zorn gegen eine Gruppe von Menschen, deren Bekanntschaft zu machen mir normalerweise ein großes Vergnügen gewesen wäre.

Mitten unter diesen berühmten Leuten träumte ich von meinen Puppen ohne Gesicht, die mir etwas zu sagen versuchten, was ich immer noch nicht hörte. Ich wußte, daß ein Teil von mir sich immer wünschen würde, ein Star zu werden.

Aber diese ewige Hackordnung würde mir niemals geben können, wonach ich suchte. Es war immer noch eine Welt, die auf Unzulänglichkeit basierte, eine Welt des ewigen »wenn«. Was man auch lernte oder erreichte, irgend etwas fehlte immer noch.

Plötzlich sah ich mich in Gedanken von lauter Haien umgeben. Ich hatte mich mit ihnen gemessen, ohne mir darüber im klaren zu sein, wie ehrgeizig ich eigentlich war, als ich mir sagte, es sei vollkommen normal, mit den Haien zu schwimmen. Wie ein Hai schwamm ich allein, ich hielt nie inne, machte immer weiter. Im Leben der Amischen gab es so viel mehr Bindungen. Sie sind eher wie die Delphine, die sich zu Paaren zusammentun und immer in Gruppen schwimmen.

Zutiefst verwirrt, pilgerte ich zu meinen Nachbarn, Ruth und Tino. Sie waren keine Amischen, doch sie fungierten für mich als eine Art Brücke zwischen der Welt der Amischen und mir. Jedesmal, wenn ich ihr Haus betrat, ließ ich eine Welt voller Hektik zurück und gelangte an einen Ort der Ruhe. Ich weiß, eigentlich soll so etwas passieren, wenn man eine Kirche oder einen Tempel betritt, doch mir ergeht es so, wenn ich in das Haus meiner Nachbarn komme.

Die Amischen sprachen nie über das, was sie glauben oder warum sie so leben, wie sie es tun.

Ruth und Tino hatten lange darüber nachgedacht, wie sie leben wollten, und bewußte Entscheidungen getroffen. Sie konnten darüber sprechen. Ich liebte es, ihnen zuzuhören.

»Nicht die Resultate sind wichtig, Sue«, sagte Tino, mein Freund aus Sardinien, ein Bildhauer, Dichter und ein weiser Mensch. »Endprodukte können einen niemals zufriedenstellen, denn die Möglichkeiten, die in einem Menschen stecken, werden nie vollkommen ausgeschöpft.«

»Was macht einen dann zufrieden?«

»Es ist die Freude an jedem Schritt in einem kreativen Prozeß; alles ist wichtig, nicht nur der isolierte Gegenstand, den wir Kunstwerk nennen. Wenn das Resultat das einzige Ziel ist, dann ist das, was nötig ist, um dieses Ziel zu erreichen, zu langsam, zu ermüdend – ein Hindernis auf dem Weg zum Ergebnis. Wenn man dem Resultat entgegenhastet, wird man unweigerlich eine

Enttäuschung erleben. Dann hastet man dem nächsten Ziel entgegen und erntet eine Enttäuschung nach der anderen. Aber wenn jeder einzelne Schritt Freude bereitet, wird das Ergebnis um so besser, denn es wird genährt von allem, was zu ihm geführt hat.«

Ich brauchte seine Worte.

»Jedes Stadium eines Arbeitsprozesses hat schöpferische Qualität«, fuhr er fort. »Niemand wird dafür bezahlt, daß er sein Werkzeug poliert. Es ist ein künstlerischer Akt, denn sonst entwickkelt man kein Verhältnis zu seinem Werkzeug. Es wird zu einem widerspenstigen Diener, wenn man es nicht respektiert und gut mit ihm umgeht. Wer kein Gefühl für das Gewicht eines Werkzeugs hat, und es nicht mit Respekt behandelt, den wird es eines Tages verletzen!«

Einmal gestand ich Ruth, Tinos Frau, daß ihr Haus mir immer wie etwas Lebendiges erschien. Es kam mir so vor, als ob die Dinge im Haus lächelten und miteinander sprachen und mich aufforderten, an ihren Gesprächen teilzunehmen. »Klingt das merkwürdig für dich?« fragte ich. Sie erinnerte sich daran, wie sie einmal nach viermonatiger Abwesenheit in ihr Haus zurückgekehrt war. »Ich habe die Schreibtische und Stühle gewachst und poliert«, sagte sie, »und diese leblosen Objekte wurden auf einmal lebendig. Fast schien es, als ob das Holz neue Blätter und

Blüten trieb. Da fühlte ich mich nicht mehr einsam in meinem Haus.«

Tinos liebevoller Umgang mit seinem Werkzeug und Ruths sorgsame Pflege der Dinge in ihrem Heim sind Ausdruck ihrer Haltung allen Dingen gegenüber. Ich mußte erst in ein fremdes Land innerhalb Amerikas reisen, um zu erkennen, daß die Werte, nach denen ich suchte, hier waren, praktisch in meinem eigenen Garten.

✖

Kurz bevor ich aus New York nach Berkeley zurückkehrte, besuchte ich die Fairfield-Porter-Ausstellung im Whitney Museum. Ich sah Gemälde von Landschaften mit Häusern und Himmel. Erregung und Ruhe waren auf ein und derselben Leinwand zu spüren. Szenen des alltäglichen Lebens, dachte ich, während mir Tränen über die Wangen liefen.

Im Katalog las ich:

»Seine Bilder scheinen alltäglich, doch das Außergewöhnliche ist überall. Fairfield Porter hat sich nie die Mühe gemacht, eine Szene zu stellen, die Dinge anzuordnen, umzugruppieren, ihnen eine Ordnung aufzuzwingen, um sie interessanter erscheinen zu lassen oder ihnen einen künstlerischen Anstrich zu geben. Er hat nie versucht, eine tiefgründige Ordnung herzustellen.«

Er malte, was er sah. Das Marmeladenglas blieb an der Stelle stehen, wo der letzte, der es benutzt hatte, es stehengelassen hatte. Nichts wurde künstlich zusammengestellt. Alltägliche Szenen, ja, aber das Alltägliche, mit Hingabe gemalt, bekam eine außergewöhnliche Ausstrahlung.

Meine erste Woche zu Hause in Berkeley war wunderbar. Begierig, ein neues Leben zu beginnen, machte ich meinen Hausputz, kaufte neue Pflanzen, lieh Kochbücher aus der Bibliothek aus und schraubte mein übliches Arbeitstempo herunter. »Einfache Freuden lassen sich übertragen«, sagte ich mir. Dieses Gefühl der Zufriedenheit hielt eine Woche lang an. Dann befand ich mich wieder in der in Schwarz und Weiß gespaltenen Welt.

Ich fühlte mich in Berkeley nicht mehr zu Hause, doch ich wußte, daß ich auch nicht nach Brimfield gehörte. Das Tauziehen zwischen gegensätzlichen Werten hatte wieder begonnen. In meinem verzweifelten Bemühen, mich zu ändern und diesen oder jenen Ansprüchen gerecht zu werden, war ich nur unglücklich in einem Käfig gefangen, in dem ich mir die Flügel wund schlug.

Meine Ruhe war dahin. Niemand in meiner Bekanntschaft wußte »häusliche Tugenden« zu schätzen. Warum sollten sie auch? Sie waren viel zu beschäftigt, und diese täglichen Rituale waren ihnen nichts als eine verhaßte Notwendigkeit.

Ich war nun eine Außenseiterin.

Hilflos sah ich meine *Zu-erledigen*-Liste unaufhaltsam anwachsen. Ich hatte etwas gelernt, aber nicht genug. Ich wollte nicht wieder zu der chaotischen und gehetzten Art zurückkehren, in der ich früher meinen Haushalt und mein Leben organisiert hatte. Ich sehnte mich nach dem Gefühl, das ich bei der Arbeit mit Emma, Lydia und Miriam erfahren hatte, doch es gelang mir nicht, mir diese Augenblicke stiller Konzentration wieder zu vergegenwärtigen. Ich schrieb Emma einen Brief, in dem ich sie fragte, warum sie sich entschlossen hatte, mich in ihrem Haus aufzunehmen.

Sie antwortete, sie hätten vor allem deswegen zugestimmt, weil Gerry mich empfohlen hatte. Sein Ansinnen hatte sie verblüfft: »Warum sollte eine Frau aus Kalifornien den Wunsch haben, in einem Haus ohne Strom und ohne Fernseher wohnen zu wollen?« Sie sorgten sich, ich könnte sie ausnutzen. »Wir haben versucht, uns Gottes Willen zu fügen«, schrieb sie. »Und dann stellte sich heraus, daß du ganz liebenswürdig warst. Wir mochten dich, und du warst nett zu uns.«

Doch ich war meine Verwirrung immer noch nicht los. Nur im Studio, bei der Arbeit mit meinen amischen Flicken, konnte ich eine Verbindung zwischen ihrer Welt und meiner herstellen.

»Du liebst die Amischen, du bewunderst und beneidest sie, aber du kannst nicht leben wie sie«, bemerkte eine Freundin.

»Das weiß ich!« fuhr ich sie an.

»Vielleicht kannst du diese Erkenntnis einfach nicht ertragen«, beharrte sie. »Es war eine persönliche und fast eine perverse Suche nach einer Gelassenheit und Schlichtheit, die deiner Natur einfach nicht entspricht. Du bist eine Künstlerin, du kannst nicht so bescheiden sein wie die Amischen. Dafür hast du einen viel zu rebellischen Charakter.«

✖

In meiner Küche waren gleichzeitig drei wichtige Haushaltsgeräte kaputtgegangen. Da wir sowieso neue kaufen mußten, schlug mein Mann vor, gleich die ganze Küche zu renovieren. Ich fand die Idee furchtbar. Ich hatte keine Lust, meine Zeit damit zu vergeuden, noch mehr Entscheidungen zu treffen und mich mit noch mehr Besitz zu belasten. Doch er wirkte so eifrig, also willigte ich schließlich ein.

Ich stellte es mir romantisch vor, noch einmal

mit ihm gemeinsam an einem Projekt zu arbeiten. In der Vergangenheit waren wir ein gutes Team gewesen. Jetzt wünschte er sich eine Arbeitsfläche im Stil eines Fleischerblocks und einen schweren Profiherd. Ich dagegen bestand darauf, unempfindliche Materialien zu verwenden – Schränke und Arbeitsflächen, mit weißem Resopal beschichtet, einen Herd mit einer Edelstahloberfläche und einen Ofen mit Selbstreinigung. Meine Traumküche mußte pflegeleicht sein. Leblose Materialien würden mir helfen, meinen Geist lebendig zu halten.

Ich weigerte mich, einen Kompromiß einzugehen. Ich war unnachgiebig und unerträglich. Zu was für einem Monster hatte ich mich entwickelt? Hatten die Amischen mir nicht gezeigt, was Kooperation bedeutet?

»Ich werde tun, was du möchtest«, erklärte mein Mann großzügig.

Als die Küche fertig war und alles wieder an seinem Platz stand, wußte ich plötzlich, was ich getan hatte. Ich hatte eine amische Küche eingerichtet. Meine Küche war einfach und weiß. Ohne Schnickschnack. Sie enthielt nur das Wesentliche. Alles hatte seinen Platz. Das Gesamtbild war eindrucksvoll: Ruhe und Spannung auf eine Weise miteinander vereint, wie ich es nicht für möglich gehalten hatte, bis ich die Quilts gesehen hatte.

Das Weiß diente als Hintergrund, wie eine leere Leinwand, die den Rahmen vorgibt. Es schuf Raum für Kontraste, die durch kleine Farbakzente gesetzt wurden: ein kleiner violetter Krug, rote, rosa und gelbe Blumen aus dem Garten.

»Ich habe Gelb noch nie als so gelb empfunden«, erklärte eine Freundin.

Die Küche strahlte Ruhe aus, und ich war ruhig. Und zugleich war sie sehr lebendig. Ein kleiner Keramikteufel auf der Arbeitsfläche lachte mich an und erinnerte mich daran, alles nicht zu ernst zu nehmen. Endlich war ich zu Hause, in meiner Küche. Mochten die Tage noch so hektisch sein, wenn ich diesen Raum betrat, war ich gelassen.

Die Küche ist ein Mittelweg, an dem sich die Welt der Amischen und meine Welt treffen, ein Ort, wo ich eins nach dem anderen erledige. Der innere Zustand, in dem ich mich befand, als ich bei den Amischen lebte, stellt sich ein, wenn ich in meiner Küche bin, ein kleines, herrliches Wunder.

Sechstes Kapitel

Rückkehr

1984, zwei Jahre nach meinem ersten Besuch bei den Yoders, wußte ich, daß ich zu den Amischen zurückkehren mußte, auch wenn es bedeutete, daß ich enttäuscht und mein Märchen zerstört würde, wenn ich sie mit klareren Augen sah. Wieviel war Wirklichkeit, und wieviel hatte ich erfunden? Mußte ich in ihnen etwas Besonderes sehen, um selbst etwas Besonderes zu sein? Sobald ich meinen Entschluß gefaßt hatte, hörte ich die Stimme ganz deutlich:

»Es ist an der Zeit, den Kreis zu schließen«, sagte sie.

Am selben Tag erhielt ich einen Brief von Sarah, der Frau, welche die ersten Puppen für mich genäht hatte. »Schwalben, Spatzen und Meisen zwitschern im Garten, überall ist der Frühling eingezogen. Unser Leben ist von Arbeit erfüllt, und doch frei von dem Druck, den Sie in Ihrem Brief beschrieben haben.« Ich beantwortete ihren Brief und fragte sie, ob ich ihrer Familie einen Besuch abstatten dürfe.

Ich hatte schon seit mehreren Jahren mit Sarah, der rothaarigen Hebamme, der es soviel Freude machte, Babys »aufzufangen«, korrespondiert. Wir brauchten unsere Freundschaft nicht mehr zu rechtfertigen. Sie beriet sich mit ihrer älteren Schwester Becky und Beckys Mann, dem Farmer Ephraim Beiler, und deren Kindern Benjamin, Edna, Elizabeth, Rachel, Alma, Leah, Vernon, Eli und Annie im Alter zwischen eins und sechzehn. Nach drei Wochen kam die Antwort: »Ja.«

Ich kehrte in das erste Amischhaus zurück, in dem man mich willkommen geheißen hatte. Nur wenige Autos verirrten sich auf diese kleine Landstraße in Ohio, die zwischen zwei privaten ländlichen Alleen verlief. Keine dieser Straßen würde je auf einer Landkarte zu finden sein. Als ich vor Sarahs Haustür stand, mußte ich daran denken, wie abweisend sie vor fünf Jahren zunächst reagiert hatte, und fragte mich, ob diese Familie wohl so ähnlich sein würde wie die Yoders in Brimfield.

»Fühlen Sie sich wie zu Hause«, sagte Becky und wandte sich wieder ihrer Arbeit zu. Sie war dabei, Tomatenpüree für den Winter einzukochen. Becky strahlte eine Gelassenheit aus, eine stille Selbstverständlichkeit, die mir sofort auffiel. Ich wußte nicht genau, was es war, aber sie wirkte anders als andere Amischfrauen, die ich kennengelernt hatte. Etwas an der Art, wie sie in sich ruhte, sagte mir, daß sie eine Menge wußte, und es gehörte sicherlich einiges dazu, sie aus der Fassung zu bringen. Mit ihrem schwarzen Haar, ihrer hellen Haut und ihrem kräftigen Körperbau wirkte sie weder alt noch jung, sondern eher wie jemand, der es gewohnt ist, die Dinge in die Hand zu nehmen, und nicht viel Worte zu machen brauchte.

Zehn Minuten nach meiner Ankunft nahmen Elizabeth, Rachel und Alma mich unter ihre Fittiche. »Willst du mit uns Melonen ernten?« fragten sie. »Möchtest du deine Schuhe anziehen?« fragte Rachel. Es war ein sehr heißer Tag, und da alle anderen barfuß herumliefen, hatte ich meine Schuhe ausgezogen.

»Nein, ich habe keine empfindlichen Füße, ich gehe gern barfuß.« Als ich über den Kiesweg auf den Wagen zuging, spürte ich schnell, daß »unempfindlich« in der Stadt etwas anderes bedeutet als »unempfindlich« auf dem Land, und lief schnell wieder zurück, um meine Schuhe zu holen.

Selbst die sechsjährige sommersprossige Alma mit ihren großen Kinderaugen war eine Meisterin darin zu beurteilen, welche Melonen reif für die Ernte waren. Wir arbeiteten in einer Staffel, teilten die Arbeit so auf, daß einige die Melonen ernteten und die anderen sie zum Wagen schafften, und schon bald war der Wagen voll beladen. Zum Schluß wollten wir unseren Ernteerfolg feiern, und Elizabeth zeigte mir, wie man einer großen Melone mit einem kräftigen Schlag zu Leibe rückt. Wenn man sie an der richtige Stelle trifft, öffnet sie sich augenblicklich. Gierig aßen wir die vollkommen reifen Melonenstücke mit der einen Gabel, die wir zu diesem Zweck mitgebracht hatten. Dann zog Perry, das Lieblingsarbeitspferd der Familie, die schwere Ladung vom Feld nach Hause.

Wir stapelten die Melonen auf der Veranda vor dem Haus, und die Mädchen sortierten sie nach Reife und Farbe. Es war das erste Mal, daß ich eine gelbe Wassermelone gesehen und gegessen hatte. Die Veranda diente als Obst- und Gemüsestand, erklärte Becky und fügte hinzu, daß der Stand ihr als Vorwand dazu diente, viele verschiedene Sorten Obst und Gemüse anzupflanzen. »Wir verdienen zwar kein Geld damit, aber es macht mir Spaß, den Kindern all die verschiedenen Pflanzen zu zeigen, und es gefällt ihnen zuzusehen, wie alles wächst.«

Es war Zeit für das Mittagessen. Ich sah mich um und überlegte, worin sich dieses Haus von Emmas unterschied. Da es neun Kinder und drei Erwachsene beherbergte, herrschte hier ein lebhafteres Treiben. Die Kücheneinrichtung war im Prinzip die gleiche, es gab den typischen Holzofen und den großen Tisch in der Mitte, und doch lag noch etwas anderes in der Luft. Durch die Gelassenheit, die diese Familie ausstrahlte, das selbstverständliche Miteinander, fühlte ich mich sofort zu Hause.

Nach dem Kohlehydrathimmel bei den Yoders wappnete ich mich innerlich für die erste Zuckerschwemme. Doch statt dessen gab es schmackhaftes, gesundes, köstliches Essen – selbstgebakkenes Vollkornbrot, Müsli mit Weizenkeimen und frischgeerntete Tomaten und Melonen.

»Ich würde gern den Abwasch machen, solange ich hier bin«, sagte ich nach dem Mittagessen.

»Dann können Sie so lange bleiben, wie Sie wollen«, scherzte Beckys Mann Ephraim. Gewöhnlich wechselten die Mädchen sich ab mit dem Abwasch, der Wäsche, der Hausarbeit und der Gartenarbeit, während Benjamin, Vernon, Eli und Ephraim die schwere Arbeit auf dem Feld übernahmen und Möbel schreinerten. Die Arbeitsteilung war eindeutig. Männer machten keinen Abwasch.

An jenem Tag war es fürchterlich heiß und feucht, und eine unwirkliche Stille lag in der Luft. Nach dem Mittagessen bot ich den Kindern an, ihnen eine Geschichte vorzulesen.

»Ja, aber zuerst machen wir eine Wasserschlacht.«

Wo waren die stillen, ernsten Amischkinder? Hier jedenfalls nicht. Wir veranstalteten eine echt erstklassige, ausgelassene Wasserschlacht. Die Kinder waren nicht zu bremsen, sie gerieten völlig außer Rand und Band. Kreischend vor Vergnügen liefen sie zur Scheune hinüber, schnappten sich die Eimer, füllten sie mit Wasser aus den Viehtrögen und übergossen sich gegenseitig nach Herzenslust. Benjamin hob erst

Elizabeth und dann Rachel in die Luft und tauchte sie nacheinander ohne viel Federlesens in einen der Tröge. Selbst die kleinen Kinder zögerten nicht mitzumachen und wurden ebenso gnadenlos mit Wasser bombardiert. Völlig durchnäßt und nach mehreren Ausrutschern auf dem glitschigen Schlamm trotteten sie schließlich glücklich und erschöpft zurück zum Haus, eine Prozession von lebenden Schlammskulpturen.

Es gab keine tadelnden Worte von Becky. Sie schüttelte nur lächelnd den Kopf: »Am besten, ihr geht alle unter die Dusche, bevor ihr irgend etwas anderes macht«, sagte sie beim Anblick dieser seltsamen Kreaturen von einem anderen Planeten.

Ich war erst fünf Stunden bei ihnen, und schon hatten sich drei stereotype Vorstellungen in Wohlgefallen aufgelöst: ungesundes Essen, ernste Amischkinder und strenge Eltern.

Unter den Mädchen fühlte ich mich wie Schneewittchen bei den sieben Zwergen. Sie alle trugen gut gelaunt zum Funktionieren des Haushalts bei. Jede kannte ihre Pflichten und war in der Lage, die ihr aufgetragenen Arbeiten ordentlich auszuführen. Edna, die Älteste, war die Aufseherin und Beckys wichtigste Helferin, vor allem, wenn Becky als Hebamme gebraucht wurde.

Zwei Wochen und 3865 Geschirrteile später fiel mir auf, daß die Familie weniger als einen großen Küchenmülleimer voll Abfall produziert hatte. Alles wurde wiederverwertet, und zwar nach einem ausgeklügelten System: Essensreste wanderten in den Eimer für die Tiere; was immer ungeeignet für die Tiere war, kam auf den Kompost. Die Farm und die Tiere erzeugten Gemüse, Milch, Butter, Eier, Käse, Fleisch und Tee, es gab also kaum Verpackungsmüll, der entsorgt werden mußte. Diese zehnköpfige Familie verzehrte täglich drei deftige Mahlzeiten und fuhr einmal im Monat in den Supermarkt. Zucker, Mehl, Haferflocken und Cornflakes waren so ungefähr die einzigen Nahrungsmittel, die sie zusätzlich einkauften.

Becky hatte ausgerechnet, wie lange sie brauchte, um Mayonnaise selbst herzustellen, und war zu dem Schluß gekommen, daß es billiger war, sie fertig zu kaufen. Ephraim hielt Guernseyrinder anstelle von Holsteiner Rindern, weil ihre Milch fetthaltiger war, was wiederum mehr Butter bedeutete, während die Holsteiner Kühe jedoch mehr Milch gaben.

Wenn sie über solche Dinge diskutierten, ging es nie darum, die richtige oder falsche Entscheidung zu treffen, sondern es ging einzig um ihre Prioritäten. Sie entschieden sich schließlich für das, was besser für sie war.

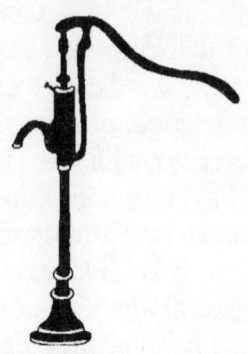

Ich hoffte, daß ein Kind geboren würde, während ich bei ihnen war, aber ohne Telefon wußten Sarah und Becky nie im voraus, wann eine werdende Mutter vor ihrer Tür auftauchen würde. Ich fragte mich, wie sie überhaupt Pläne machen konnten, doch die Frauen lachten über meine Sorgen. »Wir sind doch immer hier«, sagte Becky. »Und sonntags gehen wir abwechselnd zum Gottesdienst – wir gehören zwei verschiedenen Gemeinden an, und die eine trifft sich an einem Sonntag, die andere am nächsten.« Kein Telefon zu haben erschien ihnen weder als Belastung noch als Einschränkung. Ihr erfülltes und abwechslungsreiches Leben drehte sich ausschließlich um ihr Zuhause. Sarah behandelte ihre Patienten in einem kleinen Anbau, den Ephraim und Benjamin an der Seite des Hauses errichtet hatten.

Am fünften Tag hörte ich um drei Uhr früh ein leises Klopfen an meiner Tür. »Möchtest du bei einer Geburt dabeisein?« flüsterte Sarah. Zwei Minuten später war ich angezogen. Als ich mich vorsichtig im Dunkeln die Treppe hinuntertastete, wünschte ich, es gäbe elektrisches Licht im Haus und ich könnte einfach einen Schalter betätigen. Kurz darauf lernte ich Wilma kennen, eine junge Amischfrau, deren Muttermund sich bereits zwei Zentimeter geöffnet hatte.

Sarah stellte uns vor und zeigte mir, wie ich den Akupressurpunkt an Wilmas Füßen finden konnte und wie ich ihre Fußsohlen drücken sollte, wenn die Wehen zu heftig wurden. »Das scheint zu helfen«, sagte Wilma freundlich, als ich ihre Füße bearbeitete. Ich machte mir Sorgen, ich könnte umkippen, wenn das Baby geboren wurde. Während ich mir noch den Kopf darüber zerbrach, wie ich mich verhalten sollte, drückte Wilma mir die Hand und sagte: »Sue, Sie müssen zusehen, wenn mein Baby kommt.« Ein simpler Auftrag, und so erlebte ich das alltägliche Wunder einer Geburt.

Zwei Tage später trug ich die kleine Irene zu einem wartenden Einspänner, ein winziges, fünf Pfund schweres amisches Püppchen, bekleidet mit einem schwarzen Häubchen, einem langen braunen Röckchen, einer königsblauen Bluse und genau der gleichen Schürze, wie ihre stolze Mutter sie trug.

Wilma war die erste von neun Frauen, die in dieser Woche niederkamen.

»Ich habe Ihnen Glück gebracht!« erklärte ich. »Wir haben den Rekord gebrochen. Fünf Babys an einem Tag.« Mich selbst »wir« sagen zu hören fühlte sich gut an. Es bedeutete, daß wir alle mitgeholfen hatten – wir hatten Teamarbeit geleistet. Die älteren Mädchen wuschen zusätzliche Laken und Handtücher, und wir alle drückten die Daumen, daß es ein sonniger Tag werden würde. Ohne elektrische Wäschetrockner sah der Trockenraum häufig aus wie eine Mondlandschaft, wenn an allen Wäscheleinen weiße Laken hingen.

Die jüngeren Mädchen trugen die Neugeborenen aus ihren Bettchen zu ihren Müttern und brachten Tabletts mit Essen – dasselbe gesunde Essen, das wir aßen, mit einem extra Löffel Honig und einer zusätzlichen Portion Weizenkeimen.

Das Familienleben, das alltägliche Leben ging wie gewohnt weiter. Die Kinder spielten im Wohnzimmer, direkt neben den beiden Zimmern, in denen die Geburten stattfanden und die Mütter sich erholten.

Wenn die Kinder frühmorgens herunterkamen und Sarah schlafend auf dem Sofa vorfanden, wußten sie, daß eine Geburt bevorstand. Doch ich hörte nie jemanden sagen: »Schsch, seid still, ein Baby schläft«, oder: »Geht woanders spielen.« Becky hatte mir erklärt: »Ich setze meine Kinder nicht in einen Laufstall – das behindert ihre Neugier.« Also spielte die einjährige Annie auf dem Fußboden, und jemand hielt bei der Arbeit ein Auge auf sie.

Als ich schwanger war, hatte ich Lamaze-Kurse besucht, doch als die ersten Wehen einsetzten, hatte ich um Lachgas gebeten. So kam es, daß die Vorstellung von einer Geburt für mich immer etwas mit Schreien zu tun hatte. Dreizehn Babys wurden geboren, während ich dort war, doch ich habe nie einen Schrei gehört. Sie benutzten keine Schmerzmittel außer Sarahs und Beckys stille Überzeugung, daß eine Geburt ein vollkommen normaler Vorgang war.

Auch einige »englische« Frauen kamen zu den Hebammenschwestern. Eine erzählte, ihr Arzt hätte ihr gesagt, sie könne ihr Baby nur per Kaiserschnitt zur Welt bringen. Sie ließ sich von Bekky untersuchen, und Becky war der Meinung, das Baby könne auf natürlichem Weg zur Welt kommen. Das kleine Mädchen wurde ganz normal und gesund geboren.

Je länger ich dort war, um so mehr lernte ich Becky schätzen. Ein kompletter Zirkus konnte um sie herum toben, doch sie blieb ruhig und gelassen. Obwohl sie erst vierzig war, wurde sie von vielen Frauen in der Gemeinde als weise angesehen.

Trotz all ihrer Aufgaben und Pflichten fand sie immer genug Zeit, um sich eine halbe Stunde lang hinzusetzen und Bluejeans zu flicken oder Edna beim Quilten zu helfen. Diese Momente waren für sie Zeiten der Meditation, Zeiten, in denen sie in sich kehren und neue Kraft sammeln konnte.

In einem von diesen wenigen Momenten, als sie nicht mit irgendeiner Arbeit beschäftigt war, fragte ich Becky, wie sie Hebamme geworden war. »Früher war ich Lehrerin – das ist ein Beruf, den viele Amischfrauen vor ihrer Hochzeit ausüben, doch wenn eine Frau heiratet, dann erwartet man von ihr, daß sie zu Hause bleibt, sich um ihren Mann kümmert und Kinder bekommt. Aber ich stellte fest, daß es mir nicht genügte, mich um Benjamin und den Haushalt zu kümmern.«

»Ich träumte davon, Ärztin zu werden, aber mir war klar, daß das unmöglich war. Ich wußte, daß ich nicht Ärztin werden und gleichzeitig amisch bleiben konnte, und ich wollte amisch bleiben.« Eines Tages las sie in *Budget* einen Artikel über eine Frau in Iowa, die ein Geburtshaus eingerichtet hatte. Das schien die Antwort auf ihre Gebete zu sein.

Sie fragte Ephraim, ob sie bei dieser Frau in die Lehre gehen dürfe. »Ich habe Glück, einen Mann geheiratet zu haben, der so verständnisvoll ist und der es nicht als Bedrohung empfand, daß ich mehr tun wollte, als bei uns üblich ist.« Sarah stimmte ihr zu: »Die meisten Amischmänner sind nicht wie Ephraim. Becky hat Glück.«

Sie ging nach Iowa, um sich ausbilden zu lassen, und bat dann einen Arzt, unter seiner Aufsicht arbeiten zu dürfen. Nach vier Jahren war sie so weit, daß sie es allein tun konnte. Das war vor zwölf Jahren. Vor vier Jahren fing sie an, Sarah auszubilden. »Es macht mir mehr Spaß, wenn ich mit Sarah zusammenarbeite.«

✖

Nach einer Weile fühlte ich mich vertraut genug mit Sarah, um sie zu fragen, warum sie nie geheiratet hatte. »Ein paarmal stand ich kurz davor, aber ich habe es einfach nicht über mich gebracht, obwohl meine Eltern und Geschwister, eigentlich alle in der Gemeinde, mich sehr dazu drängten. Ich muß wohl eine ziemlich robuste Natur haben – und überhaupt glaube ich, daß es gar nicht einfach wäre, mit mir zusammenzuleben. Ich bin die einzige alter Jungfer in der Gemeinde.«

Es bereitete Sarah viel Freude, mit Becky zusammenzuarbeiten und eine Hebamme zu sein. »Es gibt viele Menschen hier, die körperlich überbeansprucht sind«, sagte sie, »und deswegen habe ich einen ortsansässigen Chiropraktiker gebeten, mich auszubilden.«

»Du hast genau wie Becky eine Möglichkeit für dich gefunden, amisch zu bleiben und trotzdem eine Arbeit zu verrichten, die dir normalerweise nicht erlaubt ist«, bemerkte ich. »Ich mußte allerdings darauf verzichten, selbst Kinder zu haben«, erwiderte sie. »Ich bin froh, daß ich zu Becky und Ephraims Familie gehöre. Auf diese Weise habe ich durch meine eigene Kinderlosigkeit nicht so viel verpaßt.«

✖

Als ich die Amischen anfangs kennenlernte, empfand ich sie als schroff, ja fast unfreundlich.

In ihren Augen ist Höflichkeit eine Form der Extravaganz, es gab also kein Bitte und kein Danke und kein Auf Wiedersehen am Ende einer Unterhaltung. Sie standen einfach auf und gingen weg. Die Mahlzeiten wurden gewöhnlich schweigend eingenommen, doch solange ich mit ihnen am Tisch saß und Fragen stellte und von meinem Leben erzählte, wichen sie von ihrer Gewohnheit ab und unterhielten sich mit mir.

»Sue, hast du noch deine eigenen Zähne?« wollte Edna wissen.

»Das ist aber eine seltsame Frage«, erwiderte ich. »Ich hätte nie gedacht, daß sich jemand einmal danach erkundigen würde. Fast alle Leute, die ich kenne, haben ihre eigenen Zähne, es sei denn, sie sind sehr alt. Ist das bei den Amischen anders?«

»Ich habe meine Zähne verloren, als ich achtzehn war«, sagte Ephraim. »Es geht mir viel besser, seit sie weg sind. Ich hatte immer solche Zahnschmerzen.« Viele ihrer Nachbarn hatten Probleme mit ihren Zähnen, und sie fanden es einfacher, sie einfach ziehen zu lassen, als einen Zahnarzt aufzusuchen.

Ein andermal bemerkte ich, daß Rachel mich unentwegt anstarrte, während wir am Mittagstisch saßen. Schließlich fragte sie: »Wie alt bist du?«

»Ich bin zweiundfünfzig.«

»Oh, das hätte ich nicht gedacht.«

»Hast du mich für älter oder jünger gehalten?«

»Oh, du siehst jung aus. Meine Großmutter Rosetta ist so alt wie du, und sie sieht alt aus.«

»Aber ich habe doch viele Falten.«

Sie kam ganz nah an mich heran, um nachzusehen. »Ja, du hast recht. Du hast wirklich viele Falten.«

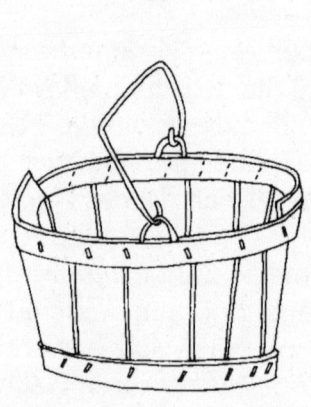

»Sue, ich würde dich gern mit zur Kirche nehmen«, sagte Sarah am zwölften Tag.

Sie und die Mädchen waren ganz aufgeregt, daß ich mitkommen wollte, und sie halfen alle eifrig mit, mich nach amischem Stil zu kleiden. Zu Anfang ließ ich mich von ihrem Enthusiasmus anstecken, doch als ich darüber nachdachte, empfand ich ihr Ansinnen mir gegenüber als unhöflich, obwohl ich wußte, daß sie es nicht so meinten. Sie waren enttäuscht, fingen jedoch bald an, mit mir zu überlegen, welche Möglichkeiten es sonst noch gab. »Keine Hosen«, erklärte Elizabeth, »das wäre nicht gottgefällig.« Ich breitete meine wenigen Kleidungsstücke aus, und gemeinsam wählten wir eine weiße, langärmelige Baumwollbluse, einen grauen Leinenrock und ein paar von Sarahs dicken schwarzen Strümpfen aus. Sarah zeigte mir, wie man die Strümpfe über den Knien aufrollt, damit sie nicht rutschen. Ein Paar von ihren groben schwarzen Nonnenschuhen, die ein bißchen zu groß und zu weit waren, machten meine Ausstattung komplett.

Vier Stunden lang dazusitzen, ohne ein Wort ihres deutschen Dialekts zu verstehen, würde eine Herausforderung sein. Sarah und ich gingen schon früh los, beide eine große, reife Melone unter dem Arm für ihre Eltern, die drei Meilen weit entfernt wohnten. »Irgendwie hatte ich erwartet, daß du eine extravagante, verwöhnte Frau sein würdest. Ich bin froh, daß das nicht so ist«, gestand Sarah mir unterwegs. Als wir ankamen, bot ihre Mutter uns selbstgebrautes Rootbeer an, bevor wir uns auf den Weg zum Gottesdienst machten.

Auf der schmalen Landstraße war kein einziges Auto zu sehen, nur eine lange Prozession von Einspännern und saftige Maisfelder zu beiden Seiten der Straße.

Sarah und ich gingen in einen Nebenraum, wo die Frauen und Kinder sitzen. Es erinnerte mich an die Gottesdienste orthodoxer Juden, an denen ich teilgenommen hatte, wo die Frauen ebenfalls abseits saßen und den Rabbi nicht sehen konnten. In beiden Fällen, bei den orthodoxen Juden und bei den Amischen, fühlte ich mich wie ein Mensch zweiter Klasse.

Alle jungen, verheirateten Frauen hatten mindestens ein Kleinkind bei sich, und die meisten hatten sogar mehrere. Ich war noch nie in einem so engen Raum zusammen mit so vielen Kindern gewesen. Amischfrauen bekommen acht bis zehn Kinder; das ist die Statistik. Es war sowohl ein visuelles als auch ein emotionales Erlebnis.

Nur wenige Kinder waren zappelig. Die Mütter stillten ihre Babys, während die anderen Kinder neben ihnen saßen, und zwar still saßen. Mir fiel es schwer, still zu sitzen. Wie schafften diese normalerweise so lebhaften Kinder das?

Eine sehr hübsche Frau fiel mir besonders auf. Die Kleider der Amischfrauen sind so geschnitten, daß sie nichts erkennen lassen. Egal, welche Figur darunter steckt, alles bleibt verborgen, nichts soll attraktiv wirken. Dies war eine Amischfrau, doch ihre Kleider aus wunderschönem, teurem Gabardine waren maßgerecht genug geschneidert, um ihre weiblichen Formen zu betonen, und an den Füßen trug sie modische schwarze Pumps. Ihr Gespür für Stil und die Art, wie sie sich bewegte, paßten eher zu meiner Welt der Eitelkeit als zur amischen Welt der Bescheidenheit. Sarah erklärte mir, sie käme aus einer weltlicher eingestellten Gemeinde in einem anderen Bezirk. Ihr Mann war ein reicher Farmer.

Während ich noch mit dieser unerwarteten Vorführung modischer Kleidung beschäftigt war, brachten die Männer die langen Bänke für das Festessen herein. Eine Bank diente zum Sitzen, eine andere als Tisch, und die Frauen trugen still das Essen auf.

Es wurde in drei Schichten gegessen, bis alle Gläubigen satt waren – zuerst die Männer und die Alten, dann die großen und kleinen Jungs und schließlich die Frauen und Mädchen.

Seit Generationen wird bei den Sonntagsgottesdiensten das gleiche Essen serviert: Essiggurken und eingelegte rote Beete, Pasteten, Brot mit drei Sorten Marmelade, vier verschiedene Sorten Kuchen und für jeden eine Tasse Kaffee. Als ich um eine zweite Tasse Kaffee bat, hieß es: »Kein Nachschlag.« Die Regeln waren eindeutig, und sie wurden von jedem in diesem Raum befolgt.

Auf dem Heimweg unterhielten Sarah und

ich uns über die Ereignisse des Tages. »Als ich fünfundzwanzig war, habe ich beschlossen, eine andere Schürze zu tragen«, sagte Sarah plötzlich.

»Ich verstehe nicht, wovon du redest.«

»Verheiratete Frauen tragen schwarze Schürzen und unverheiratete weiße«, begann sie.

»Mußtest du nicht um Erlaubnis bitten?«

»Nein. Ich habe lange darüber nachgedacht, und als mir klar war, daß ich niemals heiraten würde, habe ich noch mehr darüber nachgedacht. Dann, eines Sonntagmorgens, bin ich aufgewacht und habe mich entschlossen, eine schwarze Schürze zu tragen und keine weiße. In der Kirche habe ich mich nicht mehr zu den jungen, unverheirateten Frauen gesetzt, sondern zu den verheirateten.«

Ich spürte, welche Bedeutung diese Entscheidung für Sarah hatte.

Meine liebe und sehr religiöse Freundin Sarah war tief in der Amischtradition verwurzelt, doch ihr starker, äußerst unabhängiger Charakter hatte sie daran gehindert zu heiraten. Sie hatte nach einer Möglichkeit gesucht, beide Seiten ihres Charakters auszuleben, und hatte schließlich zu dieser Lösung gefunden.

Welch ein Glück für sie, ein Ritual, eine Zeremonie für diesen Initiationsritus gefunden zu haben. Gab es irgendeinen Ritus, mit dem meine alleinstehenden Freundinnen eine solch einschneidende Entscheidung begingen?

»Auch nachdem ich längst beschlossen hatte, nicht zu heiraten, sehnte ich mich immer noch nach einem Kind«, fuhr Sarah fort. »Vor sechs Monaten erzählte mir eine meiner Patientinnen, eine englische Sozialarbeiterin, sie hätte große Schwierigkeiten, Adoptionseltern für ein sehr gestörtes, hübsches Mädchen aus Kambodscha zu finden. Ich dachte, vielleicht hat Gott dieses Kind für mich geschickt.«

Sarah fragte Ephraim und Becky und die Kinder, ob sie Yung Li probeweise bei sich aufnehmen dürfe. Sie hatten nichts dagegen. Das Mädchen war sehr fordernd und zugleich äußerst verschlossen, es brauchte ständig Aufmerksamkeit. Beckys Kinder waren sehr um Yung Li bemüht, sie wollten, daß sie blieb und zur Familie gehörte. Doch Sarah kam schließlich zu dem Schluß, daß sie sie nicht adoptieren konnte, obwohl sie sie mochte.

Die Gemeinde war dagegen, weil Sarah nicht verheiratet war und weil sie fürchteten, ein farbiges Kind würde es schwer haben, sich in ihre homogene Gemeinschaft zu integrieren. Sie waren keine Unmenschen, nur praktisch denkende Leute, die wußten, wer sie waren und welche Überzeugung sie vertraten, und die ihre Grenzen kannten.

Sarah faßte ihren Entschluß nicht, weil sie sich unter Druck gesetzt fühlte, sondern weil sie es für egoistisch hielt, ihre Arbeit als Chiropraktikerin und Hebamme aufzugeben, um sich um ein einziges Kind zu kümmern. Und doch war nicht zu übersehen, daß es Sarah das Herz gebrochen hatte, eine so schmerzliche Entscheidung treffen zu müssen.

✖

Eines Tages entdeckte die siebenjährige Alma drei Raupen des Monarchfalters auf einem Blatt. Im ganzen Haus herrschte helle Aufregung. Alle sahen gespannt zu, wie die Raupen sich von Tag zu Tag entwickelten – schon bald würde es so weit sein, daß sie begannen, ihre Kokons zu spinnen, und niemand wollte den Augenblick verpassen. Die Frauen wechselten sich mit dem Beobachten ab. Es war ein überwältigender Augenblick, als eine der Raupen kunstvoll ihre Haut abstreifte, während sie nur noch an einem dünnen Faden an ihrem Blatt hing. Vor unseren Augen entstand ein hellgrüner, glänzender Kokon.

Faszination ohne Fernsehen.

Beim Frühstück fragte Rachel: »Kannst du schwimmen? Wirst du es uns beibringen?«

Mit »uns« meinte sie alle Kinder außer der einjährigen Annie, und so zwängten wir uns alle zehn mit einem Picknickkorb und zwei Schwimm-reifen in einen offenen Wagen. Mit Benjamin als Fahrer und dem Segen von Becky und Ephraim machten wir uns auf den Weg zum Fluß. Die Mädchen legten ihre Hauben und Schürzen ab und liefen in ihren langen Kleidern jauchzend ins Wasser. Benjamin, der einzige, der schon einmal im Fluß gebadet hatte, hatte abgeschnittene Jeans mitgebracht, die er als Badehose benutzte. Ich kam mir vollkommen nackt vor.

An Land, wo sie sich barfuß und sicher beweg-ten, waren sie die Tüchtigen. Doch jetzt klam-merten sie sich an mich. Ich war die Expertin, und nun war ich an der Reihe, ihnen die Regeln zu erklären. »Alle bleiben im seichten Wasser. Haben wir uns verstanden?«

PERRY — THE FAVORITE HORSE

Schon bald ließen sie sich im Wasser treiben, strampelten mit den Beinen und stürzten sich mit großem Eifer auf diese neue Herausforderung. Zu Anfang sträubten sie sich, mit dem Kopf in das schlammige Wasser zu tauchen, doch nach einer Weile überwanden sie ihre Hemmung.

Um unser Abenteuer zu feiern, lud ich sie in einer nahegelegenen Stadt zu einer Pizza ein. »Was für Getränke soll ich bestellen?« fragte ich Sarah.

»Sprite.«

»Aber das ist das reinste Gift, das kann ich euch nicht antun.«

»Bitte, Sue, wir mögen es so gern.«

Als Perry, das Pferd, seine Ladung erschöpfter Schwimmer nach Hause brachte, wurden wir bereits von Becky und Ephraim erwartet. »Zum erstenmal seit über einem Jahr sind wir allein gewesen«, sagte Becky lächelnd. »Ephraim hat sogar das Geschirr abgewaschen.«

Ein einfaches Leben?

Becky und Sarah erzählten mir von einem Abenteuer, das sie im letzten Frühjahr organisiert hatten. Sie wollten eine zweitägige Quiltparty veranstalten, um die Geburten all der Babys zu feiern, bei denen sie geholfen hatten. Über vierhundert Postkarten wurden abgeschickt, und Becky, Sarah und die Mädchen räumten die Scheune auf und machten Platz für neun große Quiltrahmen.

Frauen aus acht entlegenen Gemeinden kamen zu der Party. Einige kamen in Autos, die Amischen aus Nebraska hatten einen Bus gemietet, und wieder andere reisten in ihren Einspännern an.

188 Mütter und 75 Kinder trafen am Mittwoch ein und weitere 167 Mütter und 49 Kinder am Donnerstag.

Fünftausend Meter Garn wurden verbraucht, und 227 Tabletts wurden benötigt, um die Quilterinnen jeden Tag mit Essen zu versorgen. Mit Spaß, gutem Essen und Klatsch entstanden neun große Quilts, und das Geld aus dem Verkaufserlös wurde für wohltätige Zwecke gespendet. Die Schwestern weinten, als der letzte Einspänner abfuhr. »So viel Spaß werden wir nie wieder haben!« rief Sarah aus.

Meine beiden Freundinnen, die, anders als die meisten Amischfrauen, die Grenzen ihrer vorgeschriebenen Rollen zu überschreiten suchten, hatten mit Organisationstalent, Phantasie und Zielstrebigkeit ein großes Fest gefeiert.

Annie, das jüngste Kind von Becky und Ephraim, war mit einer schweren Behinderung zur Welt gekommen. »Annie ... Annie«, riefen die Familienmitglieder, wenn sie sie berührten und in den Arm nahmen. Sie behandelten sie nie wie ein Treibhausgewächs, immer wie ein normales, gesundes Kind. Es war ein ständiges Handauflegen, ein tagtägliches Heilen.

Ich war mir nicht sicher, ob ich an einem solchen Kind eine ähnliche Freude hätte haben können. Doch Becky war auch realistisch, sie wußte, daß jederzeit etwas schiefgehen und »Annie von uns genommen werden könnte«. Gott hatte ihnen ein Geschenk gemacht. Annie war für die Familie ein Schatz, ein Wunder.

Von diesen Menschen konnte ich viel über Glauben lernen.

✖

Als Becky mir erzählte, daß Ephraim vorhatte, auf der anderen Straßenseite ein kleines Haus zu bauen, um die Familien der werdenden Mütter unterzubringen, war ich schockiert und enttäuscht. Sofort fürchtete ich das Schlimmste – ich sah schon ein leuchtendes Neonschild vor mir, auf dem in großen Buchstaben *Motel* zu lesen war.

Ich stellte mir vor, wie diese ruhige Landschaft

sich in ein zweites Lancaster County verwandelte, voller gaffender Touristen. Becky hatte das Wort Motel nicht erwähnt, doch ich wurde regelrecht überwältigt von dem Wunsch, die wunderliche, altmodische Art dieser Leute zu erhalten und zu schützen.

Ich hatte die Amischen so lange mit romantischen Augen gesehen. Aber sie sind nicht vollkommen. Die Anzahl der psychisch Kranken und die Selbstmordrate liegen bei ihnen ebenso hoch wie bei uns. Ich sah Sarah hart arbeiten, um ihre Gedanken zu läutern und ihr feuriges Temperament zu zähmen. Sie versuchte, der Lehre Jesu zu folgen »Seid also vollkommen, so wie ich vollkommen bin« und gleichzeitig demütig zu sein und sich dem ungeheuren Druck auszusetzen, beides zu erfüllen.

Ich fragte mich, ob Sarah oder Becky genug Raum für ein Privatleben oder für heimliche Träume besaßen. Jeder Nachbar erkannte am Klang des Hufschlags, wer wohin unterwegs war. Wußten sie alles voneinander? Was geschieht mit einem Menschen, der künstlerisch veranlagt ist und sich den vorgegebenen Rollen verweigert?

Aber Sarah und Becky waren nicht altmodisch. Sie waren zwei starke, dynamische Frauen, die es geschafft hatten, in einem restriktiven System atypische Rollen auszufüllen und gleichzeitig in ihrer Familie verwurzelt zu bleiben.

Sie lebten an einer kurzen Leine und hatten doch ein erfülltes Leben, während ich an einer langen Leine lebte, über die ich immer wieder stolperte.

Es gab Anzeichen des Fortschritts.

Sechs Familien hatten zusammengelegt und in einem kleinen Häuschen in den Feldern ein Telefon installieren lassen. Es wurde nur für Notfälle benutzt, aber es war da, eine Versuchung. Einige Familien heuerten Fahrer an und ließen sich von ihnen zum Einkaufen chauffieren. Einmal an diese Bequemlichkeit gewöhnt, benutzten sie ihre Einspänner nur noch, um sonntags zum Gottesdienst zu fahren.

Ich machte mir Sorgen darüber, was geschehen würde, wenn die Amischen sich mehr und mehr mit der Außenwelt vermischten und mit immer mehr Möglichkeiten konfrontiert wurden. Die Veränderung war mir bereits an ihren Quilts aufgefallen. Als die Amischen das Lancaster County in Pennsylvania verlassen und neue Niederlassungen gegründet hatten, war ihr Leben freizügiger geworden. Sie verkehrten mehr mit ihren englischen Nachbarn und schauten sich deren kompliziertere Quiltmuster ab. Gelb, Hellblau, Rosa und viel Schwarz, Farben, die in alten Quilts nicht vorkamen, tauchten nun in den neuen auf, und diesen neuen Quilts aus Polyester fehlte die Ausstrahlung, auch wenn sie perfekt gemacht waren. Polyester setzt keine Patina an. In Iowa hatte Miriam gesagt: »Die jungen Frauen quilten nicht so fest wie wir.« Seit 1940 wurden die Quilts, die mir so viel bedeutet hatten, nicht mehr hergestellt.

Die meisten Familien haben immer noch acht bis zehn Kinder, doch heute müssen viele Männer außerhalb der Gemeinde arbeiten, wenn sie ihre Farmen behalten wollen. Wie fühlte sich ein Amischfarmer, wenn er Seite an Seite mit seinem englischen Kollegen in einer Wohnmobilfabrik arbeitete, während Rockmusik aus Lautsprechern dröhnte und nackte Pinups an den Wänden hingen? Manche Familien wohnen heute in kleinen Häusern ohne Farmland. Was würde passieren, wenn der Vater arbeitslos würde und sie ihre Lebensmittel weiterhin im Supermarkt kaufen müßten?

Je länger ich blieb, um so mehr mußte ich einsehen, daß sich meine stereotypen Vorstellungen nicht aufrechterhalten ließen. Die Amischen waren ursprünglich eine Gruppe von Radikalen gewesen, die ihr Leben riskierten, um die Welt zu verändern. Ich stellte sie mir gern vor als ein Volk, das sich dem Lauf der Zeit immer noch widersetzt, nur daß sie jetzt darum kämpfen, zu bleiben, wie sie sind. Für mich waren sie eine »Insel von Außenseitern«, mitten in einer Gesellschaft, die sich der ständigen Veränderung verschrieben hat.

»Englische« Nachbarn, die mich auf meine romantische Art von den Amischen reden hörten, lachten nur. »Die Amischen sind schon immer auf der Höhe der Technologie gewesen«, sagte einer. »Sie haben eher als wir Wellblech für Dächer benutzt«, sagte ein anderer. »Sie stehen auf Plastik«, warf ein dritter ein. Solange ihre Prinzipien nicht verletzt werden, gibt es keine Regel, die ihnen verbietet, sich der modernen Technologie zu bedienen.

Sie lebten nach den Prinzipien ihrer Gemeinschaft, sie waren fügsam, sogar unterwürfig, und doch waren sie beweglicher und unterschiedlicher, als ich anfangs angenommen hatte. Bis Mitte des achtzehnten Jahrhunderts waren die Amischen eine kleine Sekte gewesen, die in isolierten Gemeinden gelebt hatte. Für alle Mitglieder der Glaubensgemeinschaft galten dieselben Regeln. In dem Maße, wie sich ihre Zahl vergrößerte und ihr Wohlstand wuchs, entstanden Meinungsverschiedenheiten. Heute gibt es viele verschiedene Zweige der Sekte, die die Regeln auf unterschiedliche Weise auslegen. Bei den Beachy-Amischen ist es gestattet, schwarze Autos zu besitzen, allerdings mit der Auflage, die Chromteile schwarz zu streichen. Bei einer der strengsten Gruppen, den Nebraska-Amischen, die sich in Pennsylvania niedergelassen haben, sind immer noch keine Fliegengitter an den Fenstern erlaubt, da sie als allzu weltlich gelten. »Auf uns wirken die Nebraska-Amischen ebenso fremd wie wir auf dich«, hatte Sarah gesagt. »Sie sind rückständiger als wir, sehr einfache Leute, aber vielleicht sind sie auch zufriedener.«

Da die Amischen große Familien hatten, brauchten sie immer mehr Land. Dieser ständig wachsende Bedarf diente jenen, die inzwischen gewisse Verhaltensweisen ablehnten, als Vorwand, die Gemeinde zu verlassen, ohne offen zu rebellieren. Ephraims Eltern waren aus Holmes County, Ohio, fortgezogen, weil sein Vater der Meinung war, die Gemeinde sei zu groß und zu freizügig geworden. Heute wird Land immer knapper. Wie widerstandsfähig werden die Amischen sein, wenn die Unzufriedenen gezwungen sind, in der Gemeinde zu bleiben? Wieviel Uneinigkeit und Ungehorsam von innen werden sie verkraften können?

Wenn sie die Regeln sklavisch befolgen, werden sie dann in ihrem Glauben erstarren?

»Wir hatten unseren jungen Mädchen gestattet, außerhalb der Gemeinde zu arbeiten«, erklärte mir Ephraim. »Hauptsächlich als Hausmädchen und Kellnerinnen. Aber es sind einige schlimme Dinge vorgekommen, also haben wir in der Gemeinde darüber diskutiert und beschlossen, diese Regel abzuschaffen. Jetzt dürfen unsere jungen Mädchen nur noch für andere Amische arbeiten.«

Soweit ich das beurteilen konnte, waren sie nicht grundsätzlich gegen jede Veränderung, sie überlegten sich nur sehr genau, was sie zu ändern bereit waren. Sie gehen nicht davon aus, daß alles, was neu ist, auch besser ist. Sie schätzen ihre Tradition, ihre Beständigkeit und versuchen, die Prinzipien, nach denen die Regeln aufgestellt wurden, nicht zu vergessen. Solange sie flexibel sind, bleibt ihr Glaube lebendig.

Werte lebendig zu halten ist ein dauernder Prozeß des Neudefinierens. Ein Glaube bleibt dann lebendig, wenn er immer wieder herausgefordert wird.

�֍

Eines Nachmittags sah ich, wie Rachel, Elizabeth, Edna, Alma und Sarah verstohlen die Köpfe zusammensteckten und miteinander tuschelten. Eine »private« Unterhaltung war ein ungewohnter Anblick.

»Ihr seht aus wie ein paar Verschwörerinnen. Was ist los?« fragte ich. Sie wirkten verlegen, wie beim Naschen ertappt.

»Wir wollten es dir nicht sagen, weil wir dachten, du würdest es nicht verstehen«, erwiderte Edna mit einem verschämten Grinsen. Nach ein paar Scherzen und freundlichen Überredungsversuchen rückten sie schließlich mit der Sprache heraus.

»Wir haben darüber gesprochen, daß du uns an Ida Early erinnerst.«

»Wer ist Ida Early?«

»Sie ist eine lustige Frau aus einem unserer Lieblingsbücher. Wir haben es aus der Bücherei ausgeliehen, aber es ist keine amische Geschichte.«

»Wie ist sie denn?«

»Sie macht immer so lustige Sachen, ganz unmögliche Sachen, wenn sie eigentlich auf die Kinder aufpassen soll.«

»Das ist doch nichts Schlimmes. Sie scheint mir eine sehr nette Person zu sein.«

»Na ja«, wandte Elizabeth ein, »wir waren uns nicht sicher, ob du es richtig verstehen würdest; sie ist ein bißchen merkwürdig und macht seltsame Dinge. Zum Beispiel fliegt sie über einen Berg und trägt Männerhosen und benimmt sich ganz anders als normale Leute, aber sie ist sehr, sehr nett.«

»Sie ist eine Kreuzung zwischen Mary Poppins und Pippi Langstrumpf«, fügte Sarah hinzu.

Ich hatte so viel Spaß mit diesen Kindern. Wir hatten einander ins Herz geschlossen. Wenn ich mit ihnen zusammen war, war ich mehr ich selbst als in meiner luxuriösen Isolation bei der Arbeit in meinem Studio.

Es machte mich traurig, an meine bevorstehende Abreise zu denken, doch diesmal wußte ich, daß ich wiederkommen würde.

Eines Tages beim Butterstampfen war mir plötzlich klar, daß ein Teil dieser Reise zu Ende war. Ich brauchte keine Fragen mehr zu stellen. Dieser scheinbar irrationale Prozeß, der mich zuerst nach Iowa und dann nach Ohio geführt hatte, war beendet. Ich wußte es ganz sicher, spürte es in jeder Zelle.

Wenn es Antworten gab, dann lagen sie in mir.

Das Butterstampfen erfordert Kraft in den Armen und Konzentration. Es war harte Arbeit, und es schien endlos zu dauern. »Ist sie bald fertig?« fragte ich die Mädchen immer wieder. Als endlich die ersten Anzeichen der Gerinnung sichtbar wurden, schien der Prozeß sich plötzlich umzukehren, und alles wurde wieder flüssig. Entsetzt rief ich um Hilfe.

»Nein, nein, Sue, es sieht immer schlimm aus, kurz bevor es besser wird«, sagten sie lachend.

»Das ist ein Teil des Prozesses«, erklärten sie

mir. »Die Flüssigkeit, die Milch trennt sich von der Butter.« Am Tag nach dem Butterstampfen hatten wir fünf Liter Milch, die zum Backen beiseite gestellt wurde. Was übrig blieb, war die Butter; leuchtend gelb im Sommer und fast weiß im Winter, wenn die Kühe nicht so viel frisches Gras zu fressen bekommen.

Als der Tag meiner Abreise gekommen war, fragte ich Becky, was ich ihr für das Zimmer und die Verpflegung schuldig sei. Becky erwiderte liebevoll: »Nichts. Es ist mir lieber, wenn du in unserer Schuld stehst.«

Siebtes Kapitel

Erntezeit

Im September flog ich wieder zurück nach Berkeley. Meine erste Woche zu Hause verlief gut. »Alles wird anders werden«, sagte ich. »Die Übertragung kann funktionieren.« Ich fand eine Freundin, die Lust hatte, mit mir zusammen Brot zu backen. Wir lachten, als wir den Teig mit unseren Fäusten hart bearbeiteten, und gerieten in Verzückung, als beim Backen der herrliche Duft des Brotes das ganze Haus erfüllte. Ich spürte Sarahs und Beckys Geist bei mir in der Küche. Aber es war der einzige freie Tag meiner Freundin. Es war das letzte meiner Gemeinschaftsprojekte, das an jenem Sonntag durchgeführt wurde: Niemand hatte Zeit. Vielleicht habe ich zu schnell aufgegeben, aber als ich versuchte, andere für diese häuslichen Tätigkeiten zu gewinnen, hatte ich keinerlei Erfolg.

Hier werde ich niemals Gemeinschaftsgeist finden, dachte ich traurig.

Unser Familienleben verlief in den üblichen Bahnen, jeder ging seiner eigenen Wege. Ich hatte gute Freunde in Berkeley: Jeder neue Tag begann mit einem Ritual, einem Morgenspaziergang mit einer Freundin, und ich konnte jederzeit zum Telefonhörer greifen und einen Cappuccino trinken oder jemanden zum Abendessen einladen, doch hinterher zogen meine Freunde und ich uns in unser eigenes Leben zurück. Ich sehnte mich nach einer Gruppe, deren Mitglieder sich gegenseitig brauchten und sich gegenseitig forderten. Doch meine Freunde und ich hatten gelernt, Unabhängigkeit hoch zu schätzen und uns nicht gegenseitig zu belästigen. Wenn unser Haus einen Anstrich brauchte, beauftragten wir eine Malerfirma, wenn wir Zucker brauchten, fuhren wir in den Supermarkt.

Tiefere Bindungen brachten Verpflichtungen mit sich.

✖

Bei dieser zweiten Heimkehr, während ich versuchte, mein Leben zu Hause in Ordnung zu bringen und zu begreifen, was die Zeit bei den Amischen für mich bedeutete, meldete sich die Stimme aus meinem Innern wieder, so laut und klar und bestimmt wie beim erstenmal. Doch sie sagte nicht: »Geh zu den Amischen«, sondern: »Es ist an der Zeit, deine Geschichte zu erzählen. Es ist an der Zeit, sie aufzuschreiben.«

»Welche Geschichte soll ich denn erzählen?« fragte ich ungehalten. »Soll ich vielleicht über *Die Bedeutung des Geschirrspülens* schreiben?«

Ohne mir zunächst darüber im klaren zu sein, begann ich, die Zahl meiner Therapiepatienten zu reduzieren, und zum erstenmal seit dreiundzwanzig Jahren arbeitete ich nicht in meinem Studio. Ich stürzte mich auf die Geschichte.

Meine Worte erzählten von der Bedeutung der Gelassenheit, von der Kunst, etwas ohne Hast zu tun, während ich sie voller Hast niederschrieb. Sie erzählten von der Tugend der Selbstlosigkeit, doch das Wort »ich« war in jeder Zeile zu lesen. Ich wollte ein Erfolgserlebnis haben, ich wollte für all die Zeit, die ich aufwendete, etwas »vorweisen« können, und ich wollte es unbedingt. Mit angehaltenem Atem arbeitete ich ununterbrochen, ignorierte meine Familie und meine Freunde, führte mich auf, als ginge es um mein Leben. Ich trug die Einzelteile meiner Geschichte zusammen, so wie ich die Flicken für einen Quilt sammeln würde – ohne zu wissen, wie das Enderergebnis aussehen würde. Häufig geschah es, daß die Einzelstücke aufmuckten. Sie schienen ein Eigenleben zu entwickeln. Doch wenn ich in einem Augenblick noch so zufrieden war, wenn ich sie endlich so weit hatte, daß sie »paßten«, so ordnete ich sie im nächsten Moment wieder anders an.

Drei Jahre lang hielt ich durch, jammernd, strampelnd und schreiend. Mich über einen so langen Zeitraum tagtäglich und kontinuierlich mit etwas zu beschäftigen, an einer Sache dranzubleiben, mit ihr zu leben, lehrte mich eine Demut und Geduld, die ich bis dahin nicht gekannt hatte.

Zu meiner Überraschung entwickelte ich durch die dauerhafte Konzentration auf wenige Dinge eine ganz neue Art von Disziplin. Sich einer einzigen Sache zielstrebig zu widmen – Wiederholung, Ordnung, eine »inspirierte Monotonie« – war nicht schrecklich und engte mich nicht ein; die Struktur brachte mir eine andere Art von Freiheit.

Jedesmal, wenn mich Selbstmitleid überkam, lachte eine Freundin mich aus: »Wenn du dir nur lange genug einredest, unfähig zu sein, dann wird es irgendwann stimmen.«

Ich fand keine Abkürzungen. Befriedigung

empfand ich nur, wenn ich es aufgab, mir zu wünschen, ich wäre mit etwas anderem beschäftigt.

Befriedigung stellte sich ebenfalls ein, Teile immer wieder zu überarbeiten und hohe Qualität schätzen zu lernen – so wie eine Amischfrau ihr Haus in Ordnung hält. Ich gab mein Bestes, auch wenn das Ergebnis nicht das beste war.

Erntezeit bedeutet für die Amischen, sich gegenseitig bei der Arbeit zu helfen. Die Ernte einzubringen hatte mir besonders viel Freude gemacht, und ich erinnerte mich daran, wie Eli eines späten Nachmittags aus der Schmiede heimkehrte und uns mitteilte, daß für den nächsten Tag Regen vorausgesagt worden war. Wir gingen von Farm zu Farm und halfen den Nachbarn, das Heu von den Feldern in die Scheunen zu bringen. Nach einer herzhaften Mahlzeit in der letzten Farm kehrten wir erschöpft, aber glücklich nach Hause zurück. Die Ernte war in Sicherheit. Eine Frage der gegenseitigen Hilfe, schlicht und einfach. Doch ich hatte mehr als ein wirtschaftliches Geben und Nehmen erlebt, es war ein geistiger Austausch. Sie fühlten sich einander verbunden.

Beim Schreiben konzentrierte ich mich ausschließlich auf *meine* Auseinandersetzung und *meine* Leistung – ich vertraute nicht darauf, daß ich bekommen würde, was ich brauchte, wenn ich es anderen überließe, ihren Teil zum Gelingen beizutragen. Ich war immer davon überzeugt gewesen, daß mir Gutes widerfahren würde, doch ich glaubte auch, jede Minute arbeiten zu müssen, damit es so kam. Ich konnte mich nie zurücklehnen und darauf vertrauen, daß alles seinen Gang nehmen würde, ohne daß ich die Kontrolle darüber in der Hand hatte.

Ich schrieb und schrieb. Ich konzentrierte mich mit all meiner Energie auf meine Arbeit, doch es ging nicht mehr darum, bestimmten Anforderungen zu genügen oder eine Prüfung zu bestehen. Ein unbändiger Wille, der stärker war als mein üblicher Egoismus, hatte das Ruder übernommen. Wißbegierige Freunde, die etwas über meine Erfahrungen bei den Amischen erfahren wollten, baten mich, ihnen zu zeigen, woran ich arbeitete.

Früher hielt ich es für eine Schwäche, sich auf andere zu verlassen.

Jetzt wurde es zu einer Stärke.

Was geschah, war wie ein Handauflegen – ein Beweis von Freundschaft. Freunde, von denen einer weniger Zeit hatte als der andere, kamen trotz ihrer überfüllten Terminkalender zu mir, erkannten die Möglichkeiten und boten ihre Hilfe an. Diese willensstarken Menschen taten sich zusammen – arbeiteten gemeinsam. Es war nicht die amische Art von Gemeinschaft, doch für mich waren diese Freunde wie eine Gemeinschaft von Quilterinnen, die zusammen einen Quilt von einer Aussagekraft herstellen, wie ich ihn allein niemals zustande gebracht hätte.

Das waren meine Nachbarn, die mir beim Einbringen meiner Ernte halfen.

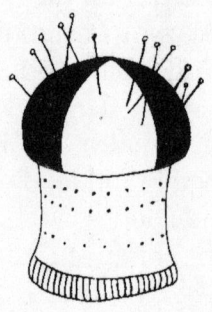

Die Amischen gehen an jede Tätigkeit mit derselben Einstellung heran. Sie hatten mir gezeigt, daß jede Art von Arbeit sinnvoll sein kann. Der Geist, in dem man sie verrichtet, verleiht ihr Bedeutung.

Das Schreiben lehrte mich, an etwas zu glauben und auch dann noch daran zu glauben, wenn ein Teil von mir zweifelte. »*Hör auf damit!*« brüllten meine Dämonen. »Du vergeudest deine Zeit. Du könntest dich mit etwas viel Nützlicherem beschäftigen.«

Ein tausendfaches Hurra für diese Art von Zeitvergeudung.

Achtes Kapitel

Lektionen

»Inwiefern hat dein Leben sich verändert?« wollten meine Freunde wissen. »Inwiefern hast du dich verändert?« Ich haßte diese Fragen.

»Gib uns Antworten«, hörte ich, doch in Wahrheit war ich diejenige, die diese Forderungen stellte. Ich wollte sagen: »Seht mich an. Seht, was ich geleistet habe.«

Ich wünschte, ich könnte sagen: »Einfachheit, seine Mahlzeiten selbst zuzubereiten und das Geschirr abzuwaschen sind wunderbare Dinge, die zufrieden machen.«

Aber ich war nicht zufrieden.

»Du hast überhaupt nichts geleistet, denn du hast keine Ergebnisse vorzuweisen!« sagte eine tadelnde Stimme in mir.

Vielleicht hätte ich damit zufrieden sein sollen, ein Leben kennengelernt zu haben, dessen Qualität mir früher fremd gewesen war. Vielleicht hätte ich begreifen sollen, daß das Wunderbare im Leben eines anderen nicht in das eigene Leben einverleibt werden kann.

Aber das Bedürfnis, etwas zu produzieren, was sich vorzeigen läßt, ist so tief in mir verwurzelt, daß ich sehr lange Zeit nach Antworten gesucht habe. Ich glaubte immer noch, es gäbe »etwas da draußen«, und wenn ich es nur finden würde, könnte ich mir einen Orden für das Happy-End verdienen.

Ich hatte mir ein Volk von praktisch veranlagten Menschen ausgesucht, die »häusliche Tugenden« hoch schätzten. Fängt so eine Liebesaffäre an? Sind es die Gegensätze, die sich anziehen? Die Amischen redeten nicht über ihre Werte, sie lebten sie. Ich konnte nicht so wie die Amischen leben, doch ich wußte, daß ihr Geist bei mir war, in mir, und das war so real wie alles, was sich um mich herum abspielte.

Wenn ich heute in Hektik gerate, fühle ich

mich besonders elend. Dann versuche ich, innezuhalten und mich zu fragen: »Wozu diese Hast?« Es dauert eine Weile, bis das »Geschnatter« aufhört – und in der Stille des »Nichtstuns« wird mir klar, was ich fühle.

Meine Listen sind immer noch randvoll, oft quellen sie über vor lauter Möglichkeiten, aber ich habe zu unterscheiden gelernt, was mein Leben lediglich mit Geschäftigkeit anfüllt und was wirklich wichtig ist – selbst wenn ich nicht immer danach handle.

Die Hausarbeit hat sich nicht geändert, aber meine Einstellung zu dieser Art von Arbeit hat sich geändert. Jeden Morgen presse ich frischen Apfelsinensaft für meinen Mann, wische die Arbeitsflächen ab, wenn ich etwas von dem Saft verschüttet habe, sehe mich in der Küche um und empfinde große Freude daran, alles blitzen und blinken zu sehen. Dann mache ich mit einer lieben Freundin einen ausgedehnten Morgenspaziergang. Ich brauche mich nicht damit abzumühen, diese Tätigkeiten interessanter erscheinen zu lassen, als sie sind.

Vor meinem Besuch bei den Amischen war ich stolz auf meine Kunstwerke – kostbare Objekte, die in Kunstgalerien ausgestellt oder mit größter Umsicht an genau dem richtigen Platz im Wohnzimmer aufgestellt wurden, wo sie bewundert und beschützt werden konnten.

Nun begann ich zum erstenmal praktische Gegenstände aus Keramik herzustellen, die unsere Familie täglich benutzen konnte: Tassen, Schüsseln, Teller – strapazierbare Gegenstände, alle verschieden –, unregelmäßig, immer eine Spur unausgewogen, handbemalt mit leicht windschiefen schwarzen und weißen Quadraten. Sie sollten nützlich sein, doch auch ihr Aussehen gefiel mir, und ich hielt sie gern in den Händen. Es bereitete mir große Freude zu überlegen, welche Tasse am besten zu welchem Gast paßte.

Als ich versucht hatte, etwas zu leisten, ohne zu wissen, wer ich war oder was wirklich wichtig war, war das Ergebnis nichtssagend. Jene ersten alten Quilts, die ich gesehen hatte – geordnet, strukturiert und ausdrucksvoll –, hatten mir etwas über die Frauen gesagt, die sie hergestellt hatten, und über deren Weltsicht. Ich begann zu verstehen, daß unsere Einstellung zur Welt sich in den Dingen um uns herum widerspiegelt. In ihnen zeigt sich unsere Absicht.

❌

»Weißt du, was dein Problem ist?« fragte eine Freundin mich eines Tages. »Du hast viel mehr von einer amischen Hausfrau, als dir wirklich klar ist.«

»Wie kannst du so etwas sagen? Ich bin doch keine amische Hausfrau! *Eine amische Hausfrau ist ein Heimchen am Herd, und ich bin kein Heimchen am Herd.*«

Doch es stimmte. Genau wie ihr Heim für Emma Yoder und Sarah und Becky das Zentrum ihres Lebens ist, läßt sich an meinem Heim ablesen, wer ich bin und was mir wertvoll ist. Mein Haus ist ein Selbstportrait. Es hat eine schlichte Ästhetik, eine Spärlichkeit, die ich zu schätzen gelernt habe. Diese einfache, ruhige Umgebung gibt mir Gelassenheit.

Und doch ist es immer noch ein ständiges Ringen. Manchmal habe ich schreckliche Einbrüche – wenn das ganze Haus auf dem Kopf steht und ich ins Rotieren gerate und mir jeder einzelne Teller zuviel ist, den ich abwaschen muß. An solchen Tagen, wenn es keinen einzigen ruhigen Moment gibt, denke ich an die Gelassenheit der

Amischen, und dann weiß ich, daß ich mich entschieden habe.

Im Gegensatz zu dem stillen, geordneten Leben, das die Amischen führen, *wollte* ich durchdrehen, ich wollte mich Hals über Kopf in ein Projekt stürzen und zeitweise jedes Gefühl für Proportionen verlieren. Vielleicht brauchte ich diese Hingabe an etwas, vielleicht mußte ich den Schmerz spüren, der mit der Freude einhergeht, um zu erkennen, wieviel ich aufgeben muß, wenn ich aufrichtig bin. Was ich in meinem Herzen trage, ist ein Bewußtsein für die Werte, die ihre Lebensweise verkörpert, etwas, das erstrebenswert ist.

Einen Mittelweg zu finden, mit dem ich leben kann – das ist es, was ich anstrebe. Proportionen müssen immer wieder überdacht und angepaßt werden. Wieviel Rot, Blau und Gelb brauche ich, sowohl in meiner Kunst als auch in meinem Leben?

✖

Ich hatte mich gescheut, meinen Freunden zu sagen, was mich am tiefsten berührt hatte, denn ich fürchtete, es könnte simpel, abgedroschen, banal klingen. An einem jener Tage, an denen ich mich besonders elend fühlte, erzählte eine Freundin mir von ihrem sechsjährigen Enkel, der seinem Vater dabei geholfen hatte, eine Lampe zu reparieren, während der Großvater zusah.

»Wußtest du schon, wie talentiert dein Vater im Reparieren von Sachen ist?« fragte der stolze Großvater.

»Ja«, sagte der Junge mit ernstem Gesicht, »aber weißt du, was er wirklich am besten kann?«

»Was denn?« wollte der verblüffte Großvater wissen.

»Am besten kann er liebhaben.«

Ist Liebhaben banal?

Ich nahm ein Lexikon aus dem Regal und schlug *banal* nach. Die ersten Definitionen lauteten »trivial« und »geistlos«. Das wußte ich. Doch dann las ich weiter und fand »alltäglich«. Vielleicht sind die Dinge, die wir im Alltag miteinander teilen, die wichtigsten.

Ist Liebe einfach?

Auf sein Herz zu hören ist nicht einfach. Herauszufinden, wer man ist, ist nicht einfach. Es kostet viel harte Arbeit und Mut, herauszufinden, wer man ist und was man will.

✖

Ich wußte nie, was ich antworten sollte, wenn jemand mich auf einer Party fragte: »Was tun Sie?« Künstlerin, Schriftstellerin, Therapeutin, Ehefrau, Mutter – man würde mich nach dem beurteilen, was ich angab. Die Amischen zogen es vor, keinen Unterschied zu machen. Niemand nennt sich Köchin, Quiltnäherin oder Hausfrau. Sich hervorzuheben wäre sogar ein Zeichen falschen Stolzes. Ich erinnere mich, wie Miriam einmal sagte:

»Wenn man eine Gemüsesuppe kocht, steht es der Möhre nicht an zu sagen, ich schmecke besser als die Erbsen, oder der Erbse, ich schmecke besser als der Kohl. Für eine gute Gemüsesuppe braucht man alle Gemüsesorten!«

Vielleicht verdiene ich mir eines Tages einen Orden dafür, daß ich alltäglich bin, und vielleicht verdiene ich mir einen Orden damit, daß ich außergewöhnlich bin – daß ich durchgehalten habe. Und vielleicht brauche ich eines Tages auch überhaupt keinen Orden.

Man kann viel lernen, wenn man einem Pfad mit dem Herzen folgt.

Ich dachte an den alten Volksausdruck »das Herz in die Hand nehmen«. Ein gutes Bild, dachte ich. Ich hatte als Künstlerin angefangen, mit den Händen zu arbeiten, Dinge aus Ton zu formen. Ton verlangt Geduld und Respekt. Ich konnte dem Ton nicht befehlen zu härten, wenn feuchtes Wetter herrschte. Der Ton brauchte seine Zeit, und ich mußte lernen zuzusehen und hinzuhören – mich seinem Tempo anzupassen. Meine Aufgabe war es, zu meinem eigentlichen Wesen zurückzufinden, einem Wesen, das verbogen worden war.

Wenn ich mich im Alter von zwanzig, dreißig oder vierzig gefragt hätte, was das Wichtigste im Leben ist, hätte ich geantwortet: Unabhängigkeit und Entscheidungsfreiheit. Aber es gibt viele Dinge, für die ich mich nie entschieden habe: die anständige, liebevolle Familie, in die ich geboren wurde; die soziale, religiöse oder wirtschaftliche Situation dieser Familie; oder daß ich einsfünfundsechzig groß bin, braunes Haar habe, zierlich gebaut bin, eine gute Konstitution oder einen rebellischen Charakter habe.

Als ich aufhörte, mich aufzulehnen, als ich aufhörte, mich ändern zu wollen, als ich darauf zu vertrauen begann, daß mir nichts fehlte, daß ich mich nicht zwischen meinen unterschiedlichen Teilen entscheiden mußte, habe ich mich selbst entdeckt.

Meine Vergangenheit zu akzeptieren, zu wissen, woher ich komme, meinen Bruder, meine Vettern und Kusinen kennen- und liebenzulernen, Wert auf Tradition und Rituale zu legen, seit dreißig Jahren jedes Jahr ein Thanksgiving-Dinner in meinem Haus haben zu wollen und ein aktives Mitglied einer Kultur zu sein, die nichts so sehr romantisiert wie Veränderung, das bin ich.

»Das erste, was ein Krieger lernen muß, ist, sich nicht vor sich selbst zu fürchten«, hat ein weiser tibetischer Führer einmal gesagt. Ich begann zu begreifen, was er damit gemeint hatte.

Und ich habe noch eine Möglichkeit – das zu akzeptieren, was ich nicht selbst gewählt habe. Ich hätte mir einen ausgeglicheneren Charakter wünschen können und so weiter und so weiter, hätte eine lange Liste machen können, doch was ich letztlich wählen kann, ist der winzige Zwischenraum zwischen all den Möglichkeiten.

Und dieser Zwischenraum ist Freiheit.

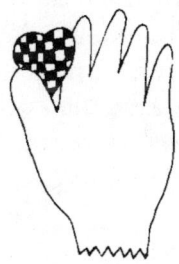

Neuntes Kapitel

Ein Ninepatch-Quilt entsteht

Als ich zu Anfang zu den Amischen gegangen war, war mir mein Leben wie ein Crazy-Quilt vorgekommen – aus unterschiedlichen Fragmenten bestehend, ohne erkennbare Struktur. Ich wollte aus meinem hektischen Leben entkommen, weil es mich verrückt machte. Ich hoffte ständig, ein anderes Bild würde auftauchen, doch ich konnte überhaupt nichts tun, um es zu ändern. Jahrelang benutzte ich den Ninepatch als Basis für amische Quilts, doch ich entwickelte nie ein persönliches Verhältnis zu diesem Muster. Dann, als ich mich eines Tages mit einer Freundin über die Quilts unterhielt, wurde das Bild des Ninepatch mit einemmal so persönlich, daß ich es nicht in Worte fassen konnte.

Ich wußte, daß ich eine weitere wichtige Nachricht erhalten hatte.

Aber ich war enttäuscht. Wenn ein anderes Muster den Crazy-Quilt als Metapher für mein

Leben ersetzen sollte, warum konnte es dann nicht eins der edlen Rautenmuster aus dem Lancaster County sein oder das stoische, würdevolle Streifenmuster? Wie konnte das Muster meines Lebens so gewöhnlich sein?

Ich hatte genug Erfahrung mit der »Es-ergibt-keinen-Sinn«-Stimme, um zu wissen, daß ich das, was sie mir sagte, nicht einfach abtun sollte. Also stürzte ich mich in die Arbeit im Studio und stellte mehr und mehr amische Quadrate her und begann, mir Gedanken über den Ninepatch-Quilt zu machen.

Alles und jedes konnte in einem Crazy-Quilt verarbeitet werden. Der Ninepatch würde mich zwingen, mir Grenzen zu setzen. Um mein Leben zu vereinfachen, würde ich lernen müssen, *nein* zu sagen.

Bevor ich mit dem Vereinfachen anfangen konnte, mußte ich mir all die Dinge ansehen, von denen mein Leben überfüllt war. Alles, was ich tat, was ich tun wollte, und alles, was ich glaubte tun zu müssen, kam auf den symbolischen Stapel – ein riesiger, chaotischer Haufen von Wünschen, die über- und untereinander purzelten.

Der Stapel wuchs. Die quadratischen Flicken sind wie die Bestände im Warenhaus meiner Lebensgeschichte, die hin und her geschoben wurden und sich ständig veränderten, indem sie auf alles um sie herum reagierten. Ich entdeckte Helligkeit in dunklen und Dunkelheit in hellen Quadraten. Nebeneinander angeordnet, formten die Flicken eine Einheit – ein Muster für ein Leben.

Diese eleganten, schlichten Muster aus Lancaster County hätten nie zu mir gepaßt. Sie passen zu den Amischen, weil ihr Glaube ihr Leben vereinfacht. Der Ninepatch-Quilt, der sowohl zur Welt der Amischen wie auch zur Welt der »Englischen« gehört, ist ein Mittelding zwischen einem Crazy-Quilt und den einfachen, doch für mich zu simplen Werten der Amischen. Was ich brauchte, um meinem Leben Sinn und Einheit zu geben, lag in den alltäglichen Elementen des Ninepatch-Quilts.

Die Welt präsentiert sich mir immer noch in Fragmenten, doch heute weiß ich, daß die Fragmente selbst nicht meine Feinde sind. Wenn das Muster überzeugend genug ist, bilden sie ein Ganzes. Es war das aus einzelnen Fragmenten bestehende Leben, das ich nicht wollte.

✖

Meine Arbeit begann sich zu verändern. Ich entwarf Hunderte verschiedener Ninepatch-Muster. Bleistift. Tinte. Öl. Stoff. Dunkle Farben, helle Farben, Schachbrettmuster. Die quadratischen Muster füllten jede freie Fläche in meinem Studio. Ich war sehr aktiv, doch diesmal war ich nicht hektisch. Die verschiedenen Quadrate immer wieder anders anzuordnen wurde zu einer Form der Meditation.

Ich arbeitete ohne bestimmten Plan – ich ließ den Geist der Amischen auf mich wirken. Kurz bevor ich mich daran machen wollte, die jeweils neun Quadrate zusammenzunähen, stellte ich fest, daß die Flicken gar nicht zusammengenäht zu werden brauchten. Schon das wäre ein Zuviel an Kontrolle gewesen. Die Quadrate hatten eine neue Freiheit gewonnen. Wir waren auf uns selbst gestellt. Als mein Ego mir nicht mehr im Weg stand, erhielt meine Arbeit ein inneres Leuchten – etwas, das »über mich hinausging«, unfaßbar und doch real. Sie waren mein und doch nicht mein.

Ich fühlte mich nicht mehr einsam während des kreativen Prozesses. Jetzt hatte ich Ansprüche an den Betrachter. Ich wollte ihn ansprechen und sagen: »Komm her – jetzt bist du dran, jetzt mußt du in meinem Werk finden, was du brauchst.« Ich wollte einen leeren Raum kreieren, eine »fruchtbare Leere«, wie die Chinesen sagen. Die Amischen lassen oft in ihren sorgfältig durchdachten Mustern eine Stelle frei, arbeiten scheinbar einen kleinen Fehler ein, um eine Öffnung zu schaffen, durch die der Geist Eingang finden kann.

Ich begriff, daß an einem Ninepatch-Quilt nichts simpel ist. Die Variationen, die Mutationen und Möglichkeiten sind beinahe unbegrenzt. Als ich einen davon wie zum erstenmal betrachtete, sah ich den Ninepatch plötzlich mit ganz neuen Augen.

Ich sah eine prähistorische Zeichnung, ein religiöses Symbol, ein uraltes Kreuz, und am deutlichsten sah ich eine Wegkreuzung.

Die Amischen lassen sich nicht fotografieren. Ich habe keine Fotos von ihnen, aber die später angefertigten Ninepatch-Quilts sind meine »Fotos«. Als ich in meinem Studio mit dem Ninepatch arbeitete, wurde er zur Metapher meines Lebens.

Jedes Muster entstand aus etwas, das ich gesehen oder erlebt hatte, als ich bei den Amischen war. Jedes Quadrat zeigte mir eine neue Art, Dinge zu betrachten, die ich bisher als selbstverständlich hingenommen hatte. Jedes Quadrat ließ mich meine Vorstellungen von einem guten Leben neu in Frage stellen.

Selbst wenn jeder von uns einen Ninepatch als Muster für sein Leben wählen würde, würden keine zwei davon gleich aussehen. In jedem würden die Energie, die Feinheiten, die Widersprüche und die Einheit seines Herstellers enthalten sein.

Die Quadrate sind stark und zerbrechlich. *Beides*. Ich werde sie nicht zusammennähen. Nichts ist festgelegt, und es gibt keine richtige Anordnung. An einigen der Quadrate arbeite ich immer noch, ich bin mir noch nicht sicher, wo sie hingehören oder ob sie überhaupt dazugehören. Einige Flicken mögen gegeneinanderprallen, andere mögen vollkommen fehlen, und wahrscheinlich gibt es mehr als neun Flicken. Trotz allem ist es wichtig, sich die Frage zu stellen: Was ist wirklich wichtig? Diese Frage *lebendig* zu erhalten ist wichtig.

Quadrat Nr. 1 DER WERT DES PROZESSES/ DER WERT DES ERGEBNISSES

Jede Arbeit ist wichtig. Jede Arbeit hat ihren Wert. Die Amischen achten, was man den Prozeß *und* das Ergebnis nennen könnte. *Beides.* Was ich bei den Amischen gesehen habe, ist die ungeheure Energie, die Menschen zur Verfügung steht, die Freude an ihrer Arbeit empfinden und einen Sinn in der Arbeit selbst sehen. Aber sie sind praktisch denkende Menschen, die am Ende des Tages dieses Glas eingeweckte Bohnen und die sechsundsechzig Gläser Tomatenpüree vor sich sehen wollten. Für sie steht alles in einem Zusammenhang.

Quadrat Nr. 2 IN DER ZEIT LEBEN

Da jede Form von Arbeit geachtet wird, gibt es keinen Grund, sich mit einer Sache zu beeilen, damit man sich etwas Wichtigerem zuwenden kann. Die Amischen haben begriffen, daß man keine Befriedigung findet, indem man von einer Aufgabe zur nächsten hetzt, um eine Reihe von Zielen zu erreichen; vielmehr muß man jeden Augenblick bewußt leben.

Quadrat Nr. 3 DAS ALLTÄGLICHE FEIERN

»Es sind die alltäglichen Dinge, die die Stabilität ausmachen und dem Leben einen Rahmen geben.« Die Amischen pflegen ihre täglichen Bräuche; wie Gegenstände, die man schätzt und pflegt, kann Arbeit ein wertvolles Gut sein. Ihre Bräuche sind ihr Leben.

Quadrat Nr. 4 DAS ZUHAUSE

Für eine Amischfrau ist das Zuhause das Zentrum des Lebens. In ihrer Lebensweise spiegelt sich ihr Glaube wider. Obwohl ihr Haus frei ist von religiösen Symbolen, spürt man in jeder Ecke die religiöse Überzeugung. Ihr Heim ist ebenso Ausdruck ihrer Persönlichkeit, wie jedes Kunstwerk es sein könnte, ein Ort, an dem sie ihren Glauben leben kann.

Quadrat Nr. 5 Die Gemeinde

Für die Amischen ist das Leben in der Gemeinde eine natürliche Erweiterung des Lebens in der Familie. Freizeit und Arbeit konkurrieren nicht miteinander. Es werden Scheunen in Gemeinschaftsarbeit gebaut, die Ernte wird gemeinsam eingebracht, man trifft sich zum Quilten, zum gemeinsamen Singen und Feiern – lauter Feste. Wenn eine Katastrophe geschieht, wenn ein Blitz in eine Scheune fährt oder die Ernte von Hagel oder einer plötzlichen Überschwemmung zerstört wird, nehmen die Amischen das Unerwartete mit einer gewissen Gelassenheit hin. Sie sind nicht allein mit ihren Schwierigkeiten. Nächstenliebe wird aktiv gelebt. Freud und Leid werden in der Gemeinde geteilt.

Quadrat Nr. 6 Das Leben als Kunst

Jede Amischfrau näht Quilts und Puppen für ihre Kinder. Es gibt keinen Grund, eine von ihnen hervorzuheben, indem man sie eine »Künstlerin« nennt. Eine Puppe oder ein Quilt sind nicht wertvoller als ein Glas grüne Bohnen oder ein frischgebackener Kuchen.

Kein tiefes Bedürfnis nach Selbstverwirklichung fließt in die Herstellung einer Puppe, und das Ego der Mutter braucht nicht mit dem Objekt zu konkurrieren. Die Schönheit des Objekts, nicht das Ego seiner Schöpferin, ist wichtig.

Quadrat Nr. 7 GRENZEN, DIE FREI MACHEN

Wenn die Erwartungen mit dem Ergebnis übereinstimmen, ist ein Mensch zufrieden. Bei den Amischen wird Qualität daran gemessen, ob jemand sein Bestes gegeben hat. Ihre tief verwurzelten religiösen Grundsätze geben ihnen klare Grenzen vor. Daraus ergibt sich, daß sie keine Zeit damit vergeuden, sich zu fragen, wer sie sind oder wohin sie gehören. Daß sie akzeptieren, wer sie sind, beschert ihnen eine andere Art von Freiheit.

Das Akzeptieren von Grenzen, das Vermeiden von Dingen, die einen ablenken, der Entschluß, das, was man tut, gut zu tun, beschert einem eine neue Form von Intensität.

Quadrat Nr. 8 DIE KRAFT DES GEGENSATZES

Es war das verblüffende Gleichgewicht zwischen einer Art von Energie, die Seite an Seite mit einer anderen existiert, das mich faszinierte: die strenge Schlichtheit des frisch gestrichenen weißen Hauses mit seinen schmalen schwarzen Fenster- und Türrahmen neben der überschäumenden Lebenskraft von Emmas Garten voller satter, üppiger Farben.

Die spartanisch geometrischen Quiltmuster zusammen mit den unregelmäßigen, organischen Linien der Quiltstiche, die die Strenge abmildern, machen die ganze Oberfläche lebendig.

Quadrat Nr. 9 MÖGLICHKEITEN

Bevor ich zu den Amischen ging, hielt ich es für ein großes Glück, viele verschiedene Möglichkeiten zu haben. Viele Möglichkeiten bedeuten jedoch noch lange nicht, daß man in der Lage ist, eine Entscheidung zu treffen. Eine Entscheidung zu treffen – zu erkennen, was für einen wichtig ist – bedeutet, seinem Leben einen Rahmen zu geben, der viele Möglichkeiten ausschließt, aber den Dingen, die übrigbleiben, einen Sinn verleiht. Zufriedenheit stellt sich ein, wenn man aufhört, sich zu wünschen, an einem anderen Ort zu sein oder etwas anderes zu tun.

✳

Als ich diese Reise begann, wußte ich noch nicht, daß meine Seele nach etwas dürstete. Ich wurde von einem tiefen Bedürfnis geleitet, auf eine Weise geführt, die ich oft nicht verstand und auch nicht zu verstehen brauchte.

Dieser Quilt wird meinen Kindern etwas über mein Leben sagen und über die Dinge, die ich schätzen gelernt habe. Die Amischen säumen ihre Quilts. *Meiner muß ungesäumt bleiben.*

Wenn der Quilt lebendig werden soll, wenn mein Leben lebendig werden soll, muß ich Raum für das Unerwartete lassen.

Was mich am meisten überraschte – und es war die reinste Erleuchtung –, war die Erkenntnis, daß, was immer geschieht, egal, ob es eine Katastrophe oder etwas Wundervolles ist, es sich immer nur um ein weiteres Quadrat handelt. Es gibt Zeiten, da erlebt man besondere Dinge: das Abitur, die Hochzeit, die Geburt eines Kindes. Kein Zweifel, so etwas ist ein prächtiges Quadrat, das, welches den ganzen Quilt zusammenhält. Aber ich konnte nicht aufhören, mir immer wieder zu sagen: »Es ist nur ein weiteres Quadrat.«

»Im Leben geht es eigentlich nur darum, seine Quadrate immer wieder neu anzuordnen«, sagte ich lachend.

Epilog

Im nächsten Frühling fuhr ich nach Osten in das Haus auf der Red Dirt Road auf Long Island, das mein Mann vor fünfundzwanzig Jahren entworfen hatte. Ich kam in der ruhigen Jahreszeit, bevor der Sommer mit seinen Verkehrsstaus, Touristen und Warteschlangen im Supermarkt über die Gegend hereinbrach.

Der Geist der Amischen war überall um mich herum.

Ganz unerwartet begann ich, Hausputz zu machen. Nach vierundzwanzig Jahren und langen

Wintern, in denen es leergestanden hatte, fühlte das Haus sich vernachlässigt. Ich schrieb und putzte und putzte und schrieb, und irgendwie hatte das eine mit dem anderen zu tun. Ich säuberte die Ecken, räumte Schränke aus, schrubbte die Wände, putzte die Fenster, bohnerte die Fußböden, und es machte mir einen Heidenspaß. Weit davon entfernt, als Ablenkungsmanöver zu dienen, unterstützte die Hausarbeit mich beim Schreiben. Was brauche ich wirklich? Und mehr und mehr flog auf den Müll. Alles wurde schlichter und einfacher.

Gesäubert und entrümpelt erwachte das Haus zu neuem Leben. Nichts hatte sich geändert, und doch war alles anders. Nichts war besonders, und alles war besonders.

Mein Haus in Ordnung zu bringen erschien mir nicht länger als lästige Pflicht. Wie ein Zen-Mönch, der den weißen Kies vor dem Tempel harkt, verbrachte ich jeden Morgen sieben Minuten damit, den schwarzen Fußboden zu fegen. Eine Meditation.

Eine Freundin reagierte entsetzt. »Was ist denn aus dir gewordene Eine einfache Hausfrau?«

Würde ich es ihr erklären können?

Ich hatte Hestia, die sanfte Göttin des Herdes und der Häuslichkeit, immer geringgeschätzt. Ich glaubte, die arme langweilige Hestia, das häßliche Entlein unter den Göttinnen, sei an den häuslichen Herd gefesselt, während meine Lieblingsgöttinnen Athene und Artemis in der Welt herumkamen und Drachen töteten.

Doch als ich lernte, daß das lateinische Wort für Herd »focus« ist, ging mir ein Licht auf.

Den Fußboden fegen oder den Abwasch machen sind die äußere Form, etwas, auf das ich mich konzentriere, um zu lernen. Was ich gesucht hatte, waren die Ruhe und die Konzentration, die ich erlebt hatte, als ich bei den Amischen den Abwasch gemacht hatte. Es war ein Geisteszustand, den ich anstrebte.

Kein Wunder, daß dieser »Zustand« so flüchtig und so schwer zu fassen war. Meine Sucht nach Aktivität hatte mich davon abgehalten, in mich hineinzusehen, aus Angst, dort nur Leere vorzufinden. Und doch lag unter all der Hektik die innere Ruhe, die ich suchte.

Die Amischen hatten eine Antwort auf die Frage gefunden: »Wie kann ich ein gutes Leben führen?« Sie hatten sich ein anderes Idealbild geschaffen. Sie hatten eine andere Weltsicht als ich, deswegen hatten sie andere Vorstellungen von einem guten Leben. Ihre Vorstellungen sind nicht *die richtige Art,* sie sind eine Art zu leben – eine Art, die ihnen entspricht. Ihr Leben ist eine Hommage an das Alltägliche.

Die Amischen haben mich etwas über den Preis gelehrt, den die Menschheit zahlt, wenn alte Werte im Namen des »Fortschritts« über Bord geworfen werden. Jetzt bin ich so weit, daß ich mich fragen kann: »Bin ich ein erfolgreicher Mensch, oder bin ich nur ein Erfolg?«

Meine Aufgabe ist es, zu vereinfachen und dann tiefer zu gehen und mich dem zu verschreiben, was übrigbleibt. Das ist es, wonach ich suche. Das, was übrigbleibt, zu pflegen und zu polieren, bis es glänzt und durch die liebevolle Pflege lebendig wird.

Ich hatte insgeheim gehofft, große Kunstwerke schaffen zu können, falls es mir gelang, das Geheimnis der schlichten amischen Lebensart herauszufinden. Aber ihr Geheimnis ist, daß sie keine Geheimnisse haben. Sie wissen, daß es nichts »da draußen« gibt außer der »zeitlosen Gegenwart«. Durch sie lerne ich, nicht durch mein Leben zu hetzen, um an die guten Sachen zu kommen. Ihre Lebensweise verhilft ihnen zu den guten Sachen, und das ist etwas ganz anderes.

Ihr Glaube spiegelt sich in ihrem Leben wider. Ihr Leben ist ihre Kunst.

Aber die Amischen sind nicht perfekt, auch wenn ich sie lange Zeit mit romantischen Augen gesehen hatte. Ich konnte keine Amischfrau sein, und ich möchte keine Amischfrau sein, aber ich hatte das Glück, eine Lebensart kennenzulernen, die Zufriedenheit mit sich bringt.

Das Bedürfnis, etwas Besonderes zu sein und sich hervorzuheben, das Bedürfnis nach Gemeinschaft, der Wunsch, ein Teil des Ganzen zu sein, die Sehnsucht, dazuzugehören, einer von vielen zu sein – diese miteinander konkurrierenden, widersprüchlichen Werte sind alle Teil von mir. Alle Widersprüche sind geblieben. Ich spüre immer noch, wie sie an mir zerren. Ich möchte nicht auf einer Farm leben, aber ich sehne mich nach einem einfacheren Leben. Diese scheinbar widersprüchlichen Elemente miteinander zu versöhnen, sie nicht einzeln, sondern zusammen zu betrachten ist eine ständige Herausforderung für mich.

Die Amischen lieben ein Quiltmuster, das sie »Sonnenschein und Schatten« nennen, ganz besonders. Es hat zwei Seiten – Hell und Dunkel, Geist und Form – und die Herausforderung, die beiden miteinander zu einem Ganzen zu vereinen. Es verlangt keine Entscheidung zwischen zwei Extremen: Anpassung oder Freiheit, Disziplin oder Phantasie, Hinnahme oder Zweifel, Demut oder Egoismus. Es ist ein Balanceakt, der Gegensätze einschließt.

Es ist an der Zeit, mein eigenes Leben zu feiern. Das Paradoxe zusammenzufügen – mit dem Paradoxen endlich Frieden zu schließen, in einem weiteren Sinne zu einem Gleichgewicht zu finden, so daß das Leben zu einem Ganzen wird – mit den Fragmenten, die mir zur Verfügung stehen.

Am schwersten ist es, wenn es den Anschein hat, als geschehe nichts mehr, oder, noch schlimmer, wenn es den Anschein hat, als sei irgend etwas mit meinem Leben nicht in Ordnung. Dann sagte ich mir: »Es funktioniert nicht.« Und dann denke ich an den Flickenberg der frühen Quilterinnen, der aus all den Stoffresten bestand. Nichts wurde fortgeworfen. Und aus den Resten entstanden die prächtigsten Quilts. Ich muß mich immer wieder selbst daran erinnern, daß nichts von dem, was ich tue, Zeitverschwendung bedeutet. Ich mag vielleicht nicht verstehen, was geschieht, oder es mag mir widerstreben, aber ich beginne zu begreifen, daß auch ein toter Punkt ein Meilenstein ist.

Ich habe sehr lange gebraucht, um einzusehen, daß ich nicht für alles, was ich tat, eine Begründung brauchte. Ich muß niemandem erklären, niemanden überzeugen, ich muß das, was geschehen ist, nicht rechtfertigen. Ich habe diese Reise unternommen, weil ich nicht anders konnte. Seinem Herzen folgen zu lernen ist Grund genug.

Einem »Weg mit Herz« zu folgen, egal, wohin er führt, habe ich nicht von den Amischen gelernt, aber es ist etwas, das mir wichtig geworden ist. Ich habe mich auf einen unbekannten Weg gemacht, der zu einem Ziel führte, das mir fremd war. Auch wenn ich es damals noch nicht wußte, suchte ich nach Antworten, doch ich fand nur immer wieder zurück zu der Frage: »Was ist wirklich wichtig?«

Dies ist keine Geschichte über Wunder, über plötzliche Verwandlungen oder ein gutes Ende. Meine Reise zu den Amischen hat mir keine großen Wahrheiten erschlossen. Ich habe mich nicht von Grund auf geändert. Niemand hat mich auf der Straße angesprochen und gesagt: »Sue, ich erkenne dich nicht mehr. Was ist passiert?«

Ich hatte gehofft, reinen Tisch machen zu können, gehofft, mein altes Ich würde auf wundersame Weise einfach verschwinden und einem vollkommen neuen Ich Platz machen. Doch das ist nicht geschehen. Von meinem alten Ich ist nichts verschwunden. Ich habe ein altes Ich, ein neues Ich, ein unvollkommenes Ich gefunden, und ich beginne, all meine Ichs zu akzeptieren.

Was ich lernte, war nie das, was ich erwartet hatte. Was ich lerne, ist mir nicht immer präsent; aber ich habe einige Lichtblicke, und dann ist es wieder weg. Als ich mich auf diese Reise begab, hatte ich eine bestimmte Vorstellung davon, wie man ein richtiges Leben führt und wie man die richtigen Dinge tut. Seit ich bei den Amischen gelebt habe, hat sich das alles geändert. Dieser Quilt, dieses Buch, dieses Leben lehren mich, Vertrauen zu haben, egal, wie mein Leben sich entwickelt – selbst wenn es nicht meinen Erwartungen oder meinen Wünschen entspricht.

Und ich bin nicht weise. Etwas nicht zu wissen und zu lernen, daß man sich auch ohne dieses

Wissen wohl fühlen kann, ist eine großartige Ent-
deckung.

Wunder entstehen durch viel harte Arbeit.

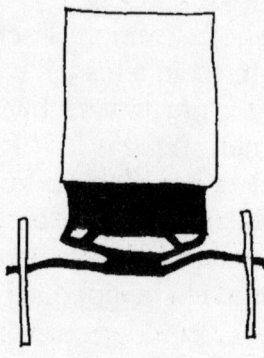

Danksagung

»Folge deinem Herzen, und die Welt kommt dir zu Hilfe«, hat Joseph Campbell gesagt. Genau so habe ich es erlebt. Viele Leute haben mir geholfen. Ich habe eine sehr lange Liste. Eine Gemeinschaft ist daraus entstanden – aus alten und neuen Freunden –, und im Laufe der Zeit ist aus meiner Reise »unsere Reise« geworden.

Es begann mit Mitzi McClosky. Sie hatte Vertrauen in mich gesetzt. Und sie hatte Vertrauen in mein Projekt. Mitzi, ich bin dir zutiefst dankbar.

Das Wort »Struktur« gehörte nicht zu meinem Wortschatz, bis ich Kitsi Waterson kennenlernte. Sie und Lee Gruzen haben die chaotischen ersten Entwürfe gelesen und sich nicht entmutigen lassen. Viel später habe ich bei der *Design Book Review* eine neue Familie gefunden. John Parmann, Laurie Snowden und Suzanne Chun haben mich großzügig beim Schreiben beraten. Jim Clark hat mich im richtigen Augenblick ermutigt. Shirley Luthman, Carol Ferraro und Helen Palmer haben mich mit ihrer Klarsicht unterstützt, und Ruth und Tino Navola haben mich inspiriert.

Fünf Jahre lang habe ich äußerst zielstrebig und fleißig gearbeitet. Freunde – Sid Levine, Jackie Wagner, Judith Shaw und Loie Rosenkrantz – haben mir zugehört, wenn ich versuchte, meine Gedanken zu ordnen. Sie haben außerordentliche Geduld und viel Weisheit gezeigt.

Die Liste geht weiter: Rod Kiracofe, Michael Kile, Roberta Horton, Ed Brown, Penny Young, George Lyster teilten meine Liebe zu den Quilts. Joyce und Bob Menschel, Morley und Jim Clark, Jill und John Walsh, Ruth und Alan Stein boten mir Gastlichkeit und Freundschaft. Große Unterstützung erhielt ich von Alma Key, Mary Kent, Geraldine Scott, Edith Kasin, Sylvia Russell, Fred und Chris Ford, Marion Fay, Gaby Morris, Deidre English, Frances Butler, Arthur Rosenfeld, Claire Held, Jim Rosen, Martha Halperin und Joanna Rose, die Familienleben hochschätzt. Ich schätze mich glücklich, Teil einer Großfamilie zu sein.

Julie Silber war eine Quelle der Information und Inspiration. Bob Baldock half mir mit seiner großen Kenntnis und seiner Liebe zu Büchern.

Sandra Dijkstra, meine Agentin, unterstützte mich mit ihrer Energie. Laurie Fox ist äußerst phantasievoll, und gemeinsam mit Kathrine Goodman hat sie mich immer wieder angefeuert.

Und Tom Grady, mein Lektor, mein Freund – bei ihm möchte ich mich besonders bedanken. Ihn bei der Arbeit zu sehen hat mich die Kunst des Korrekturlesens gelehrt. Aber ich habe auch gelernt, daß er auch noch für mich da war, wenn ich für das kämpfte, was mir wichtig war. Wir sind ein gutes Team.

Janet Reed hat sich besonders um das Buch bemüht.

Ich wollte ein Buch, welches das Gefühl vermitteln soll, das ich in einer amischen Küche empfunden habe. Auch die Worte, die Bilder und die Seiten des Buches sollten das gleiche bewirken. Gordon Chun hat das zuwege gebracht.

Und schließlich geht mein Dank an Richard, der mich seit langer Zeit unterstützt. Unsere Zusammenarbeit bei den Zeichnungen gab unserer gemeinsamen Reise eine weitere Dimension.

Dies alles wäre nicht möglich gewesen ohne die amischen Familien, die mich bei sich aufgenommen haben und mich an ihrem Leben teilhaben ließen. Ihnen bin ich zu tiefstem Dank verpflichtet.

Band 12853

Selma Vrooland

**Mein kleiner Himmel
voller Geigen**

Selma ist eine alleinstehende Mutter und Sozialhilfe-
empfängerin. Mit ihren beiden Söhnen Paul und René
führt sie ein Leben abseits der gesellschaftlichen Nor-
men, in dem menschliche Wärme ein gefülltes Porte-
monnaie ersetzt. Doch ohne Geld geht's leider nicht, das
stellt Selma nicht nur dann fest, wenn der Staubsauger
den Geist aufgibt oder Paul auf Klassenfahrt gehen soll.
Einfallsreichtum ist gefragt, denn natürlich ist in einer
Notlage weder von den Ämtern noch von »Freunden«
Hilfe zu erwarten. Doch wer nichts zu verlieren hat, wird
mutiger – und endlich begreift Selma, daß sie besser
durchkommt, wenn sie nicht länger »brav« ist ...

Ein Buch über eine Frau, die mit Witz und Respektlosig-
keit ihr Leben in den Griff zu bekommen versucht.

Band 12840

Marie Jaoul de Poncheville

Der kleine Schamane

»Man muß lange Zeit gehen, bevor man entdeckt,
was man in seinem Herzen trägt. Der Weg ist lang
und hart, aber er ist auch wunderschön.«

Molom, der Schamane, durchwandert die weiten Gras-
steppen der Mongolei. Er verfügt nicht nur über magische
Kräfte, sondern hält den Menschen auch einen Spiegel
vor, so daß sie sich selbst erkennen können. Am
Baikalsee trifft er auf den kleinen Jungen Yonden und
nimmt ihn als Schüler bei sich auf, um ihm sein Wissen
weiterzugeben. Gemeinsam erleben sie viele gefährliche
Abenteuer, die nur ein Ziel haben: Yonden die Erkenntnis
zu lehren. Am Ende ihres gemeinsamen Weges übergibt
Malom den kleinen Schamanen den buddhistischen
Mönchen des Gandan-Klosters, in dem die wahren
Schlüssel der Weisheit verborgen liegen ...